實現夢想、達成目標的九宮格計畫表

大谷翔平
也在用的

曼｜陀｜羅
思｜考｜法

日本人メジャーリーガーが目標達成した！
夢を叶えるマンダラチャート

松田充弘 MATSUDA Mihiro｜著
松村剛志 MATSUMURA Takeshi｜監修
許郁文｜譯

經營管理 185

大谷翔平也在用的曼陀羅思考法：
實現夢想、達成目標的九宮格計畫表

作　　　者	——	松田充弘（Mihiro Matsuda）
監　　　修	——	松村剛志（Takeshi Matsumura）
譯　　　者	——	許郁文
封面設計	——	陳文德
內頁排版	——	薛美惠
企畫選書	——	文及元
責任編輯		
行銷業務	——	劉順眾、顏宏紋、李君宜
總 編 輯	——	林博華
事業部總經理	——	謝至平
發 行 人	——	何飛鵬
出　　　版	——	經濟新潮社

115 台北市南港區昆陽街 16 號 4 樓
電話：+886(2)2500-0888　傳真：+886 (2)2500-1951
經濟新潮社部落格：http://ecocite.pixnet.net

發　　　行 —— 英屬蓋曼群島商家庭傳媒股份有限公司城邦分公司
115 台北市南港區昆陽街 16 號 8 樓
客服服務專線：+886(2)2500-7718；+886(2)2500-7719
24 小時傳真專線：+886(2)2500-1990；2500-1991
服務時間：周一至周五上午 09:30-12:00；下午 13:30-17:00
劃撥帳號：19863813；戶名：書虫股份有限公司
讀者服務信箱：service@readingclub.com.tw

香港發行所 —— 城邦 (香港) 出版集團有限公司
香港九龍九龍城土瓜灣道 86 號順聯工業大廈 6 樓 A 室
電話：(852)25086231　傳真：(852)25789337
E-mail: hkcite@biznetvigator.com

馬新發行所 —— 城邦 (馬新) 出版集團 Cite(M) Sdn. Bhd. (458372 U)
41, Jalan Radin Anum, Bandar Baru Sri Petaling,
57000 Kuala Lumpur, Malaysia.
電話：+6 (3) 90563833　傳真：+6 (3) 90576622
E-mail: services@cite.my

印　　　刷 —— 漾格科技股份有限公司
初版一刷 —— 2024 年 5 月 2 日
ISBN：9786267195642、9786267195659 (EPUB)

國家圖書館出版品預行編目 (CIP) 資料

大谷翔平也在用的曼陀羅思考法：實現夢想、達成目標的九宮格計畫表 / 松田充弘著；許郁文譯 .-- 初版 .-- 臺北市：經濟新潮社出版：英屬蓋曼群島商家庭傳媒股份有限公司城邦分公司發行, 2024.05
240 面；14.8×21 公分 .--（經營管理；185）

譯自：日本人メジャーリーガーが目標達成した！：夢を叶えるマンダラチャート

ISBN 978-626-7195-64-2（平裝）

1.CST: 思考 2.CST: 思維方法 3.CST: 創造性思考 4.CST: 健腦法 5.CST: 學習方法

176.4　　　　　　　　　　　113003567

定價：450 元

本書的實例
都虧各界貴人的幫助，
在此由衷獻上感謝。

松田充弘、松村剛志

※實例介紹沒有前後之分。

改變人生的曼陀羅表格

與改變人生的曼陀羅表格相遇

大家好，我是提問專家松田充弘。距今接近二十年前，我偶然遇見了改變人生的曼陀羅表格。在某位向來十分照顧我的朋友的介紹之下，我有機會與曼陀羅表格開發者松村寧雄老師吃飯。

由於這場餐會是突然安排的，所以沒有任何背景知識的我問了許多問題。

松村老師或許是發現我對曼陀羅表格很有興趣，便問我：「我會舉辦曼陀羅表格的讀書會，屆時還請光臨。」我也立刻開心地問：「太棒了！我要去！什麼時候舉辦呢？」松村老師回答：「就在明天。」這頓晚餐吃到了晚上十點左右。由於是平日，隔天當然也排滿了要做的事情。

看到我一臉煩惱之後，老師笑說：「你明天來參加，人生就會改變喔！」當時的我，真的非常煩惱。

照理說，拒絕當天的預約真的很失禮。

我從來沒這麼做過，當然也沒勇氣這麼做。

我知道這樣太勉強，但心底的某個角落卻大喊：「好！我會去！」

隔天早上，我打電話拒絕所有的預約，決定參加松村老師的讀書會。我不知道老師說的話有幾分認真，只知道接下來人生一定會改變。

創意滿滿的工具

對我來說，曼陀羅表格就是能量來源。

這是因為我很喜歡尋找創意。

比方說，我很喜歡設計新服務、新制度，一直以來，都在做這些事情。

不過，我也常有「想不到點子」、「不懂得該怎麼整理大量的創意」這些煩惱。

能幫助我解決上述問題的，正是九宮格的曼陀羅表格。

因為只要大家讀了本書就會知道，該怎麼尋找創意，以及該怎麼讓創意變得更具體，與化為具體的行動，對我來說，曼陀羅表格已是不可或缺的工具。

我曾經把曼陀羅表格拿在手上寫個不停，甚至到了廢寢忘食的地步。直到現在，我都忘不了當時的心情有多麼雀躍。

關於商業的創意不斷湧出，也找到自己想做的事情。

於是我便開始將這個如此厲害的工具介紹給朋友。

沒有朋友願意使用

我開始跟朋友說「這個方法很厲害，試著用用看啦！」然後將曼陀羅表格發給朋友。心想，大家一定會大為驚豔，也很期待大家的感想。沒想到，沒有半個朋友分享感想。

問了問他們之後，每個人都回答我「不曉得該在九個空格裡面寫什麼」、「不知道該寫什麼才好」。

這些答案讓我很驚訝。「難不成朋友填寫時，跟我有什麼不一樣嗎？」不禁問了問自己。

原來，我在寫曼陀羅表格的時候，就是像現在這樣，一直自問自答。

比方說，我以「尋找點子」這個主題寫曼陀羅表格的時候，我都會問自己「該怎麼讓這個點子昇華？」

「有什麼方法還沒試過？」

「該與什麼點子搭配？」

我總是像這樣邊寫邊自問自答。

這意思是，如果是已經寫了題目的曼陀羅表格，是不是每個人都知道該怎麼使用曼陀羅表格了？於是我去拜訪松村老師，與他商量這個問題。

魔法提問曼陀羅表格誕生

「如果在九宮格填入各種主題的提問，可行嗎？」

我跟老師說了朋友的情況，也提出了上述的建議之後，老師立刻開心地說：「讓我們來試試看吧！」

我們立刻就進行了相關的作業。

第一步，先決定了大部分的人都能回答的主題，接著再根據這個主題設計了8個提問。

這些提問包括：

・沒想過，但得出答案的問題

・沒發現，但得出答案的問題。

回答這些問題的順序非常重要，所以我每天都在研究這個順序，最終總算寫出了20幾個主題。

最終完成的就是本書介紹的魔法提問曼陀羅表格。只要有這張表格，就只需要依序回答問題，所以每個人都能活用這張曼陀羅表格。

我們的目標是「打造一個讓更多人活出自我的世界」，所以必須知道自己想過什麼樣的生活，最重視的是什麼？所謂的活出自我又是怎麼一回事？

曼陀羅表格是最適合提出這類問題的工具，而這些提問也會不斷

地擴張。

除了大人之外，小朋友也能透過這個魔法提問曼陀羅表格找到夢想，朝著夢想出發。

除了創意之外，曼陀羅表格也讓我知道什麼事情最重要

許多人都被曼陀羅表格當成創意發想的工具使用，但其實曼陀羅表格也能讓我們知道該怎麼經營人生。本書的第三章會提到的是，我們能透過這個九宮格學到「了解真實的自我」與「建立人際關係」的方法。

松村老師也曾經教過我「所謂的緣分就是產生關係」的意思。

我也根據這句話設計「我該怎麼做，才能讓眼前的人開心？」這個提問。回答這個問題，以及實踐這個問題的答案，讓我與不同的人建立了更深的牽絆，交到了知心好友，也找到了新的工作，啟動了自己一個人絕對做不來的專案。

由於與別人產生關係是操之在我的事情，所以我只需要專心思考取悅別人的方法，再採取行動即可。

我們的社會就是透過這些關係形成的。沒有人能夠離群索居，不管是工作還是進行任何一種活動，都一定會與別人有所牽扯，但也因為如此，我們才要更重視緣分。

我也非常珍惜與本書讀者之間的緣分。

但願大家能透過本書得到工作的靈感，以及人生的提示。

Contents

想要知道更多！深不可測的曼陀羅世界

完成目標，讓人生變得更豐富的曼陀羅思考法

Contents

Chapter 5

光是回答問題就能讓人生和工作變得更豐富！魔法提問曼陀羅表格

本書的使用方法

　　這本書與您之前讀過的書的最大差異在於這本書不是讀完就結束了。從第一章到第四章將會說明曼陀羅表格與其他的目標規畫工作有什麼不同，以及曼陀羅表格的使用方法。

　　本書會帶著大家按部就班地深入了解曼陀羅表格。大家可依照自己的節奏，從第一章開始閱讀。

　　第一次看到曼陀羅表格的時候，大家或許會不知道該從何處下慣，不過，只要讀完本書，應該就能徹底了解曼陀羅表格的使用方法。但是，只是了解是不夠的，只有真的應用曼陀羅表格，才能改變你的人生、夢想以及工作。

　　所以本書準備附錄（魔法提問曼陀羅表格），讓讀者填寫。與其將本書定義為一本書，不如定義為附了指南的筆記本。我知道有些人會想以自己有興趣的主題使用曼陀羅表格，所以本書也為大家準備了A型表與B型表，只要掃描QR碼就能下載。

　　當大家開始使用曼陀羅表格，請務必妥善保存以及定期回顧。當大家在回顧曼陀羅表格的時候，應該就會知道曼陀羅表格有多麼厲害。

◆最好隨身攜帶？什麼時候開始使用？

　　基本上，本書可隨身攜帶，也可以放在家裡，但是都建議大家每天花點時間檢視內容。

　　此外，隨時都可以使用曼陀羅表格。只要能預留一段完整的時間

即可，不用在意是早晨、中午還是晚上，但是建議大家在比較有動力的時候使用。唯一要注意的是，千萬不要在沒什麼時間的時候使用，最少留30分鐘的時間，可以的話，最好留一個小時，慢慢地使用曼陀羅表格。

　　一開始大家可能不太知道該怎麼使用曼陀羅表格，也不知道該怎麼將想法寫成文字，不過後面也會提到，一開始不用寫得太完美，重點在於真心誠意地面對這件事。

下載曼陀羅表格

　　A型與B型的曼陀羅表格可從這裡下載。
　　請大家務必使用看看。

　　URL　https://hs.shitsumon.jp/mirudakemq9

*「曼陀羅表格」是一般社團法人曼陀羅表格協會的註冊商標。

什麼是世界級人物
都在用的
曼陀羅表格？

在美國大聯盟大展身手的大谷翔平選手在念高中一年級的時候
所使用的目標達成表就是源自「曼陀羅表格」。這一章要從曼
陀羅表格的八種特性一窺曼陀羅表格的魅力。

注：大谷翔平目前效力於美國職棒大聯盟洛杉磯道奇隊（Los
Angeles Dodgers）

大谷翔平選手的曼陀羅表格有什麼厲害之處？

　　日本引以為傲的美國職棒大聯盟選手大谷翔平，在2023年3月舉辦的第五屆世界球經典賽奮戰的模樣讓人記憶猶新。應該有不少人在電視或是報紙看過這位大谷選手在高中時期製作的「目標達成表」吧？這張表的雛型就是本書介紹的「曼陀羅表格」。

　　曼陀羅表格是1979年，Clover幸運草管理研究所創辦人松村寧雄，根據佛教的智慧結晶「曼陀羅圖」開發的九宮格表。只要將想到的事情填入九宮格之中，就能達成任何目標，以及找到解決問題的捷徑，是能於職場、私人領域與各種領域應用的工具。

　　大谷翔平選手在高中製作的曼陀羅表格（參考圖1）有何厲害之處呢？曼陀羅表格分成3×3的A型九宮格表，以及讓A型九宮表進一步拓展的9×9的B型九宮格表，而大谷選手製作的曼陀羅表格屬於後者。曼陀羅表格的正中央通常會寫著製作這張曼陀羅表格的主題。比方說，大谷選手寫的是「八球團第一指名」，也就是大谷選手是為了讓八個球團都將他排在第一順位而製作了這張曼陀羅表格。為了達成這個目標，他將重要的八個領域寫在這個主題的旁邊，這八個領域分別是「運氣」、「心理層面」、「控球」、「球速160公里／小時」、「人品」、「鍛鍊體格」、「球勁」和「變化球」，接著再將這8個領域分別寫在九宮格的中心空格，然後再繼續

向外展開。

　　這張曼陀羅表格的厲害之處在於大谷選手真的實現了這張計畫表的目標，而且分布於主題周邊的八個領域就像是「有機生物」般彼此牽動，其中最值得介紹的不是「鍛練體格」或是「心理層面」這類與棒球有關的領域，而是「運氣」這個領域。聽說寫在「運氣」這個領域之中的「撿垃圾」、「打招呼」以及其他具體的行動在他前往大聯盟之後，還是繼續實踐。換言之，他在高中一年級寫的曼陀羅表格幫助他在訂立目標之後，讓行動化為習慣。

　　話說回來，在看了大谷選手的曼陀羅表格之後，應該會有不少人覺得「這是因為大谷選手異於常人，所以才能寫成這樣吧？」大谷選手的確是偉大的人物，但不代表要像他這麼偉大才能寫出這種曼陀羅表格。

　　其實曼陀羅表格蘊藏著不可思議的力量，只要接受適當的指導，每個人都能受惠於曼陀羅表格。本書除了介紹曼陀羅表格，還要介紹我開發的魔法提問術，幫助大家使用這個能快速達成目標、解決問題的最強工具。

【圖1】大谷翔平於高中時期製作的曼陀羅表格

保養身體	攝取營養食品	頸前深蹲90公斤	改善內踏步	強化體幹	穩住身體重心
柔軟度	鍛練體格	傳統深蹲130公斤	穩住放球點	控球	消除不安
耐力	身體可動範圍	早上吃三碗飯，晚上吃七碗飯	強化下盤	用全身打擊，不要讓手臂張開	控制自己的心理
設定明確的目標	保持平常心	保持頭腦冷靜與熱情	鍛練體格	控球	球勁
危機應變能力	心理層面	不受氣氛影響	心理層面	8球團第一指名	球速160公里／小時
不惹事	對於勝利的執著	體諒夥伴	人品	運氣	變化球
感謝	受人敬愛	懂得訂立計畫	打招呼	撿垃圾	打掃房間
著人著想	人品	感謝	珍惜球具	運氣	對於裁判的態度
禮貌	受人信賴	毅力	正面思考	成為受人支持的人	讀書

增加 投球角度	由上往下 擊球	加強 手腕力量
不過度使力	球勁	由下半身 投球
放球點 往前	提升球的 轉數	身體 可動範圍
用身體軸心 帶動身體	強化下盤	增加體重
強化體幹	球速160 公里／小時	強化肩膀 周圍肌肉
身體 可動範圍	傳接球時 不遠投	增加球路
增加拿到 好球數 的球種	學會 指叉球	滑球 的尾勁
球速緩慢 但有落差 的曲球	變化球	解決左打者 的必勝球
以投直球的 姿勢投變化球	從好球帶 滑向壞球帶 的控球力	想像球 的尾勁

這就是大谷翔平選手
在高中一年級製作的
曼陀羅表格
（目標達成表）

曼陀羅表格
可幫助我們深化思考

　　我想大家已經因為大谷翔平選手使用過曼陀羅表格，所以知道曼陀羅表格是達成目標的工具。不過，為什麼曼陀羅表格能夠幫助我們達成目標呢？答案是因為曼陀羅表格可幫助我們「深化思考」。

　　當我們越了解曼陀羅表格的使用方法，就越能夠深入思考，也能看清我們遇到的問題、引起問題的原因，以及解決問題所需的具體行動。

　　接下來要帶著大家了解曼陀羅表格幫助我們深化思考的過程。

　　曼陀羅表格分成Ａ型表格（圖2）與Ｂ型表格（圖3）。Ａ型表格是3×3的基本型曼陀羅表格，Ｂ型表格則是進一步深入探討所使用的表格。

　　Ａ型基本表格的中央空格稱為「中央區塊」。在製作曼陀羅表格的時候，請先在中央空格的上方填寫目標或課題這類主題。比方說，「月收達一百萬」或是「減少加班」這類主題。在中央區塊填寫目標或課題能提醒自己為了什麼製作曼陀羅表格，又該往哪個方向前進。

【圖2】A 型表格的結構

F 標題	C 標題	G 標題
F 區塊	C 區塊	G 區塊
B 標題	主題	D 標題
B 區塊	中央區塊	D 區塊
E 標題	A 標題	H 標題
E 區塊	A 區塊	H 區塊

中央區的周圍分成A到H這8個區塊，可在這些區塊填寫目標或是課題（具體的曼陀羅表格填寫方式會在後續介紹）。

若問B型表格是什麼結構，答案就是將A型表格的空格再分解成3×3的九宮格。

這個B型表格擁有類似樹狀圖的結構。換言之，正中央的區塊是樹幹（主幹），周圍的A到H的圓形空格是樹枝（分支），圓形空格周圍的區塊是樹葉。

B型表格的中央區塊會填入A型表格的A到H區塊的內容，之後再根據這些內容往B型表格的A到H區塊拓展。換言之，就是依照「主幹」→「分枝」→「樹葉」的順序，一步步深化A型表格的思考方式。

由於B型表格的空格很多，乍看之下可能覺得不知該從何處開始填寫，但只要稍微仔細觀察就會發現，只是進一步拓展A型表格的A到H的內容而已。

以減少加班的A型表格為例，對應的B型表格有可能會是「提升工作效率」這個標題。當我們想到一些能提升工作效率的點子，就能將這個區塊拆成3×3的九宮格表格，而這個表格就是B型表格。

所以請大家先把想到的事情寫進A型表格，等到想要進一步深入探討箇中內容時，再使用B型表格即可。

【圖 3】B 型表格的結構

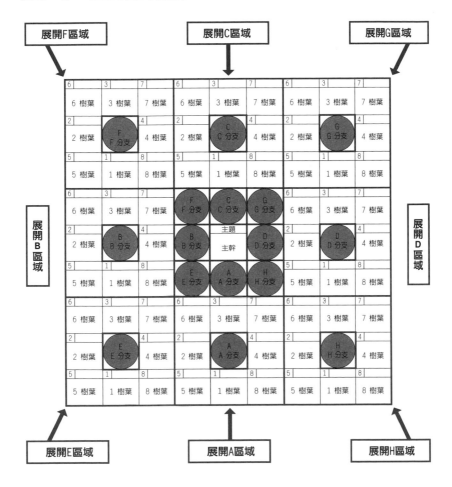

【圖4】曼陀羅表格的 8 種特性

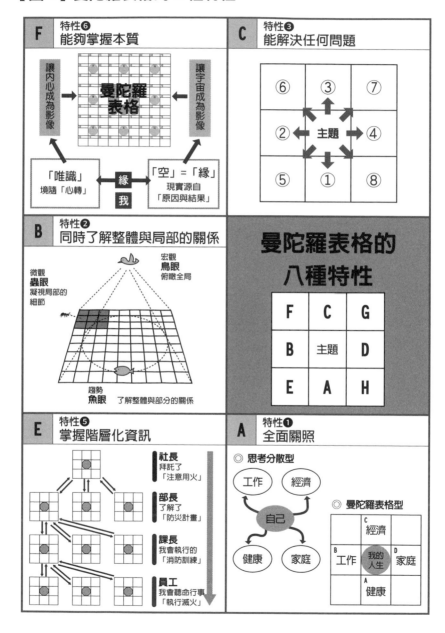

G 特性❼ 能夠分享資訊

6	3	7	6	3	7	6	3	7
2	F	4	2	C	4	2	G	4
5	1	8	5	1	8	5	1	8
6	3	7	F	C	G	6	3	7
2	B	4	B	主題	D	2	D	4
5	1	8	E	A	H	5	1	8
6	3	7	6	3	7	6	3	7
2	E	4	2	A	4	2	H	4
5	1	8	5	1	8	5	1	8

D 特性❹ 能夠一邊腦力激盪，一邊濃縮創意

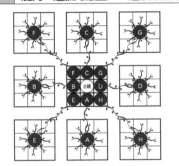

H 特性❽ 能夠視覺化

主題：解決客訴

1 接到客訴時的應對方式
2 找出發生客訴的原因
3 讓整個組織盡力減少客訴
4 客訴對策的內容
5 防止客訴的方法
6 面對提出客訴的顧客
7 撰寫道歉信的方法
8 活用客訴的方法

F 面對提出客訴的顧客	C 讓整個組織盡力減少客訴	G 撰寫道歉信的方法
B 找出發生客訴的原因	主題 解決客訴	D 客訴對策的內容
E 防止客訴的方法	A 接到客訴時的應對方式	H 活用客訴的方法

接下來為大家介紹曼陀羅表格的八種特性

全面關照

　　「你的夢想或目標是什麼？」聽到這個問題，許多人都會想到很多夢想或是目標，例如想在職場升官，想要結婚，想要完成多個夢想或是目標的人，通常會隨著「思考分散型」、「孤注一擲型」和「階段型」這類方法。

　　思考分散型指的是不知道自己想要完成的夢想或目標是什麼。這種類型的缺點在於無法專心面對任何一個目標，而與這個類型恰恰相反的類型則是孤注一擲型。這種類型會將所有的資源投注於某個目標，不過，這種類型的人只要無法完成其中一個目標，就會無法東山再起，耗盡所有的氣力。由於這種類型的人一直專注在某個單一領域，所以很容易忽略其他的領域。至於階段型則是依序完成多個目標的類型。這種類型也有只專注於眼前的目標，導致其他目標越拖越久的缺點。簡單來說，這三種類型的人生都缺乏平衡。

　　不過，曼陀羅表格能解決上述所有的缺點。只要將自己的夢想與目標填入3×3的九宮格之中，就能全面關照，同時達成多個目標。

【圖 5】曼陀羅表格可以同時達成多個目標

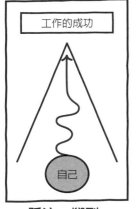

孤注一擲型

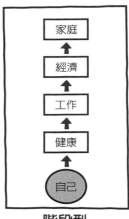

階段型

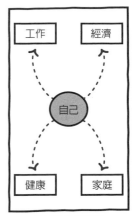

思考分散型

全面關照型

可利用曼陀羅表格同時完成多個目標

同時了解整體與局部
的關係

　　盯著曼陀羅表格，有時能夠突然察覺之前沒有察覺的事情，而且這種情況不是只發生一次或兩次，而是一再出現，讓人有種某件事情原本停滯不前，卻突然如同決堤般有所進展。這是因為曼陀羅表格具有三種觀點，能從不同的觀點或角度眺望某件事物，所以比較容易產生新的想法。曼陀羅表格的三個觀點分別是俯瞰全局的「鳥眼（宏觀）」，能夠深入觀察細節的「蟲眼（微觀）」以及能夠觀察整體與局部關係的「魚眼（趨勢）」。

　　曼陀羅表格分成3×3九宮格的Ａ型表格與從Ａ型表格進一步拓展的Ｂ型表格。由於Ｂ型表格包含Ａ型表格，所以既能將注意力放在整體，又能觀察局部的細節，還能進一步觀察局部與整體之間的相關性。當我們能像這樣從不同的觀點觀察事物，我們的大腦就會得到刺激，進而產生「靈感」。換言之，曼陀羅表格可帶給我們三種觀點，開發我們的創造力。

【圖6】曼陀羅表格兼具鳥眼、蟲眼和魚眼的視角

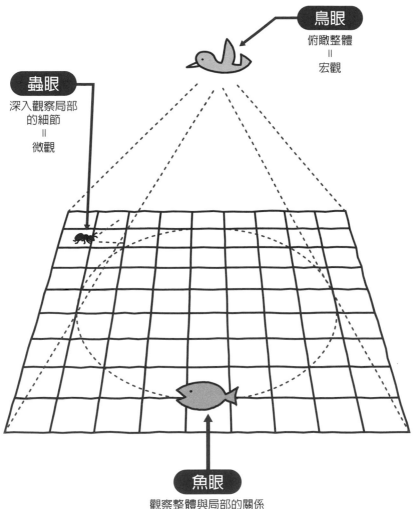

鳥眼
俯瞰整體
＝
宏觀

蟲眼
深入觀察局部
的細節
＝
微觀

魚眼
觀察整體與局部的關係
＝
趨勢

曼陀羅表格能讓我們將注意力同時放在
整體與局部的關係，並且予以實踐

特性 3

解決各種問題

　　曼陀羅表格充分展現江戶時代俳人松尾芭蕉「不易流行」這句話。不易流行的「不易」是指「不變的、不能改變的事物」，而流行則是「不斷改變的事物」。若以俳句的世界為例，俳句的五、七、五或是偈語都是不可改變的規則，但是能在這種規則之中呈現的詩意，卻會隨著時代改變。

　　同理可證，曼陀羅表格的格式就是3×3的九宮格，而且一定會把主題或自己擺在正中央的空格，再將相關的八個因素寫在周圍的空格。

　　不過，能在這個規則之下解決的問題或是達成的目標卻是五花八門。比方說，曼陀羅表格可用來擬定經營計畫或是規畫生涯，稍微調整一下，還能當成行事曆使用。當然也能當成組織結構圖使用，或是用來檢視專案，記錄私事或回憶，每個人的應用方式都不盡相同。

　　正因為3×3九宮格的「容器」相當堅固，所以可在裡面放任何東西。充分展現不易流行這項概念的曼陀羅表格，可說是兼具了幫助我們解決任何問題的「穩定性」和「靈活度」。

【圖 7】81 格曼陀羅表格

曼陀羅表格就是在
具有核心的 3×3 矩陣（不易*）之中，
填入各種內容（流行**）

* 不易：不變或不能改變的事物
** 流行：持續改變的事物

一邊腦力激盪、
一邊整理創意

　　想不到點子，缺乏靈感……想必許多人都有這類煩惱。越是這樣的人，越會覺得一堆空格的曼陀羅表格很有壓力，懷疑自己「只要填完這堆空格就能想到點子？」但是請大家不用擔心。只要開始填寫，曼陀羅表格這個容器就會幫助我們想到點子。說得更正確一點，之所以會覺得「自己缺乏創意」，其實不是真的缺乏創意，而是還沒遇見誘發創意的容器。

　　曼陀羅表格有許多空格，而一邊填滿空格，一邊思考的這個過程，蘊藏著不可思議的力量。只要開始填寫，自然就會想要填滿所有空格，不信的話，大家可親自試試看。

　　心智圖這種將想到的事情全部寫進樹狀圖的方法雖然可以幫助我們找到許多想法，卻過於天馬行空，導致想法無法收斂，而且也無從觀察每個創意之間的關係，反觀曼陀羅表格只有九個空格，而且是從核心向外發散想法，所以不會漫無目的地亂想，換言之，想到的內容也比較「容易理解」。

【圖8】一個主題找到 64 種具體的解決方案

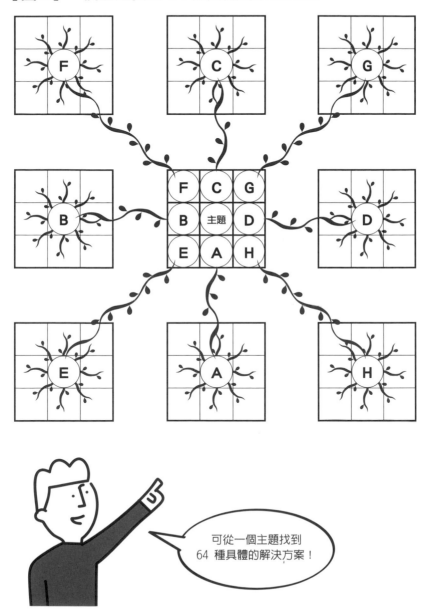

可從一個主題找到
64 種具體的解決方案！

掌握階層化資訊

如果曾經用過心智圖或是邏輯樹這類工具應該知道我在說什麼，心智圖與邏輯樹都是從中心或頂點開始激盪腦力，所以很難看出寫在分支的點子，與位於中心的主題有什麼關係。此外，寫在分支的點子都是各自獨立的，看不出任何關係。

由此可知，心智圖與邏輯樹雖然可讓我們自由地發揮想像力，卻很難看出整體與局部、局部與局部之間的關係。

不過，曼陀羅表格不僅能讓我們看出上層項目與下層項目的相關性，還能一眼看出下層項目之間的相關性。比方說，利用邏輯樹繪製的垂直階層組織圖就與利用曼陀羅表格繪製的組織圖有著天壤之別。

前者則畫出了階層，後者則能清楚勾勒部門與部門之間的相關性，幫助我們了解部門之間是否存在著相同的問題，以及能對核心的目的提供什麼貢獻。換言之，曼陀羅表格就是兼具邏輯與視覺的方法。

【圖9】比一比！以階層圖和曼陀羅表格整理資訊

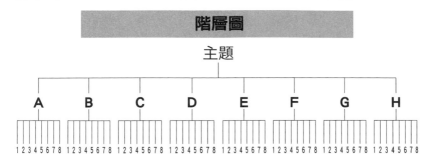

階層圖

主題

A　B　C　D　E　F　G　H

1 2 3 4 5 6 7 8　1 2 3 4 5 6 7 8　1 2 3 4 5 6 7 8　1 2 3 4 5 6 7 8　1 2 3 4 5 6 7 8　1 2 3 4 5 6 7 8　1 2 3 4 5 6 7 8　1 2 3 4 5 6 7 8

- 與主題不大相關。
- 下層項目各自獨立。

曼陀羅表格

- 能隨時注意到位於核心的主題。
- 所有項目都與主題相關，所以能了解局部與整體之間的關係。

掌握本質

　　曼陀羅表格的雛型是被譽為佛教智慧結晶的曼陀羅圖（請參考圖16和第三章的說明）。由於與曼陀羅一樣，都是3×3的九宮格結構，所以具有「掌握本質」這種佛教曼陀羅的特性。曼陀羅圖蘊藏著「宇宙本質為空」以及「我們的人生隨著心靈轉變＝唯識」這兩種概念。

　　後續會進一步說明，但是宇宙的本質為空大概就是以下這個意思。假設這裡有一個人，如果有人看到這個人，這個人的本質就會因為彼此的相關性而產生變化。所有的事物都沒有實體，本質也隨著彼此的相關性而變化，這在佛教就是所謂的「空」。至於這世上的所有事物都會隨著我們的看法而改變就是唯識的概念。遠看以為是「蛇」，結果走近一看，才發現是「繩子」，若是仔細觀察，又會發現繩子不過是「稻草」的集合體，這種現象可用來說明唯識的概念。若問為什麼我們會將稻草看成繩子，那是因為我們想將稻草視為繩子，至於為什麼會將繩子看成蛇，是因為我們感到害怕。簡單來說，整個世界都是由我們的心靈所形塑，當我們的內心有所改變，世界也跟著改變。只要使用曼陀羅表格，自然而然就能了解事物的本質。

【圖 10】曼陀羅的本質

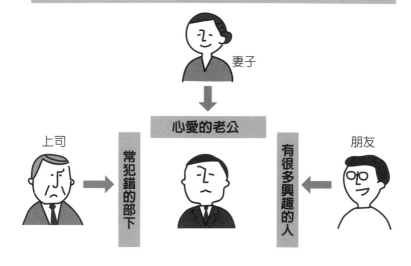

世上的所有事物都沒有實體＝空

妻子

心愛的老公

上司　常犯錯的部下　有很多興趣的人　朋友

世界是由內心創造＝唯識

蛇　　　　繩子　　　　稻草

明明只是一條掉在地上的繩子，卻因為看成蛇而嚇一跳。這是因為我們的內心有所謂的「恐懼」，才將繩子看成蛇。不過，只要仔細觀察這條繩子，就會發現繩子不過是由一堆稻草編成的東西。這就是世界由我們的內心塑造的意思。

分享資訊

　　A型的曼陀羅表格除了正中央的空格之外,會在其他的空格編上A到H的符號,而進一步展開的B型曼陀羅表格則會依照圖11的方式,在正中央的區塊填入主題(這個空格稱為主幹),然後再於周邊的空格填入A至H,成為周圍八個區塊(又稱為分枝)的核心。之後會依照固定的規則在這八個核心之外的空格(又稱為樹葉)填入1至8的數字。簡單來說,這些符號與數字就是在曼陀羅表格鎖定位置所需的「門牌號碼」。

　　所以只要記住A至H以及1至8的編號,就能立刻找到D2或是其他門牌號碼的位置。如果聽到「請找出關於業績的空格」,或許沒辦法立刻找出這個空格的位置,但如果聽到的是E3,應該就能立刻找到對應的空格。

　　這麼做的用意在於快速分享資訊。曼陀羅表格可以自行製作與應用,但也可以讓多個團隊一起製作相同主題的曼陀羅表格,藉此解決問題,開發商品與擬定計畫。此時這些空格的編號就能幫助我們分享資訊。

【圖 11】曼陀羅表格的主題

6		3		7	6		3		7	6		3		7
2		F		4	2		C		4	2		G		4
5		1		8	5		1		8	5		1		8
6		3		7	F	C	G			6		3		7
2		B		4	B	主題	D			2		D		4
5		1		8	E	A	H			5		1		8
6		3		7	6		3		7	6		3		7
2		E		4	2		A		4	2		H		4
5		1		8	5		1		8	5		1		8

- 中央區塊、外圍區塊、各個相當於樹葉的區塊都有編號，所以能透過曼陀羅表格與不同的人分享複雜的資訊。
- 很適合於會議、演講資料或是文本製作的時候使用。
- 可在各區塊、各個相當於樹葉的區塊設定編號，所以也能用來規畫人生。

視覺化

　　若問曼陀羅表格的強項是什麼，那當然是視覺效果十足的九宮格。實際使用之後，應該每個人都會認同這點才對。

　　比方說，請大家先看看圖12的比較。以條列式依序排列多筆資訊時，大概會長這個樣子。雖然我們看得懂內容，但真的能夠輕鬆地理解嗎？若是不細讀，大部分的人應該都沒辦法掌握資訊的全貌吧，而且也無法一眼看出各項目之間是否存在著關聯性。

　　因為條列式的格式與邏輯樹的結構類似。當我們在瀏覽寫在邏輯樹之中的資訊時，通常得不斷地回頭瀏覽樹枝的部分，才能夠了解到底寫了什麼，所以很難掌握全貌，也無法了解樹枝之間的相關性。

　　不過，曼陀羅表格則是將最重要的主題放在正中央，再於鄰接的位置填入相關的八個元素，所以能一眼看出全貌，以及了解各元素之間的相關性。

　　光是讓這些相關性視覺化，就能更容易了解這些相關性，也比較容易留下印象，當然就更容易說明，別人也更容易了解。

【圖 12】比一比！以條列式和曼陀羅表格整理資訊

【條列式整理資訊】 只是一堆文字排在一起

★案例：因應客訴的方法

A 接到客訴時的應對方式
　①先道歉
　②不要找藉口

B 找出發生客訴的原因
　①確認現況，掌握問題
　②了解原因，掌握問題

C 讓整個組織盡力減少客訴
　①記錄客訴
　②客訴會議（於D區進行）

D 客訴對策的內容
　①每三個月確認一次
　②以角色扮演學習處理
　　客訴的方法

E 預防客訴的方法
　①以賓至如歸的心應對客訴
　②親切的笑容與客氣的用語

F 面對提出客訴的顧客
　①棘手的顧客
　②確認事實

G 撰寫道歉信的方法
　①承認自己的錯誤
　②提及預防再次發生的方案

H 應用客訴的方法
　①確立理念
　②寫入經營計畫表

【以曼陀羅表格整理資訊】 整合度較高、較容易瀏覽

F 面對提出客訴的顧客	C 讓整個組織盡力減少客訴	G 撰寫道歉信的方法
①棘手的顧客 ②確認事實	①記錄客訴 ②客訴會議（於D區進行）	①承認自己的錯誤 ②提及預防再次發生的方案
B 找出發生客訴的原因	★案例	D 客訴對策的內容
①確認現況，掌握問題 ②了解原因，掌握問題	解決客訴	①每三個月確認一次 ②以角色扮演學習處理客訴的方法
E 預防客訴的方法	A 接到客訴時的應對方式	H 應用客訴的方法
①以賓至如歸的心應對客訴 ②親切的笑容與客氣的用語	①先道歉 ②不要找藉口	①確立理念 ②寫入經營計畫表

曼陀羅表格比條列式更方便瀏覽與理解資訊！

【圖13】曼陀羅表格也能在這種情況使用！

F 自我管理	C 激發靈感	G 學習
● 減重 ● 健康管理 血壓　體重 體脂肪	● 尋找創意 ● 腦力激盪 ● 開發商品	● 考取證照與學習語言 ● 讀書心得
B 整理資訊	主題	D 時間與工作的管理
● 解決問題 ● 面對複雜的事物	工作、生活 都順利！ 曼陀羅表格的 使用方法	● 行程管理 ● 工作管理 ● 人生規畫
E 商業應用	A 達成目標	H 整理紀錄
● 製作事業計畫表 ● 製作組織圖 組織圖	● 邁向終點 ● 完成理想 ● 自我實現	● 整理會議紀錄 ● 整理旅行紀錄

就是這麼簡單！
應用曼陀羅表格的方法

曼陀羅表格是達成目標與解決問題的最強工具。乍看之下，
九宮格版的A型表格與擴張版的B型表格讓人不知該從何處下
手，但是曼陀羅表格的使用方法其實很簡單。

為什麼曼陀羅表格蘊藏著
不可思議的力量？

　　為什麼曼陀羅表格能夠幫助我們達成目標，解決問題，蘊藏著如此不可思議的力量呢？

　　許多人在剛開始填寫曼陀羅表格時候，都會遇到「到底該在這九個空格裡面寫什麼啊？」這個難題，但只要一下筆，就會不自覺地填滿空格。

　　這是因為在核心空格填入目標或課題之後，會在與核心空格鄰接的四個空格填寫與核心空格密切相關的事情，然後再繼續填滿未與核心空格的空格，而大部分的人就是在這時候遇到上述的問題，不知道該填寫什麼才好。不過呢，人類就是會在九個空格填到只剩一半時告訴自己「乾脆把剩下的空格填一填吧！」所以只要開始填寫，哪怕得花點時間，大部分的人都會想要填滿。

　　讓我們一起觀察填好的表格吧。如同第一章所介紹的，曼陀羅表格開發者松村寧雄提到曼陀羅表格有三種視角，只要觀察九個空格之間的關係，就能從不同的角度觀察事物，從中得到許多啟發。幫助我們察覺局部與整體之間的相關性，正是曼陀羅表格不可思議之處。

【圖 14】曼陀羅表格三種視角

6	3	7
2	主題 人格	4
5	1	8

6	3	7
2	主題 經濟	4
5	1	8

6	3	7
2	主題 學習	4
5	1	8

6	3	7
2	主題 工作	4
5	1	8

F [人格]	C [經濟]	G [學習]
B [工作]	主題 今年的 目標	D [家庭]
E [社會]	A [健康]	H [休閒]

6	3	7
2	主題 家庭	4
5	1	8

6	3	7
2	主題 社會	4
5	1	8

6	3	7
2	主題 健康	4
5	1	8

6	3	7
2	主題 休閒	4
5	1	8

曼陀羅表格具有三種觀點，
分別是俯瞰整體的鳥眼（宏觀）、
觀察細節的蟲眼（微觀）以及
觀察整體與局部關係的魚眼（趨勢），
只要從這三個觀點觀察曼陀羅表格，
就能察覺很多事情！

曼陀羅表格能幫助我們
迅速達成目標與解決問題

　　曼陀羅表格的優點在於幫助我們一眼看出事物的整體與局部之間的關係，再從這些關係得到許多靈感，所以能幫助我們快速「達成目標」與「解決問題」。

　　接下來讓我們一起看看該如何利用曼陀羅表格達成目標與解決問題吧。第一步要決定的是，要用曼陀羅表格達成目標還是解決問題。假設是達成目標，就在核心空格填寫你的「目標」。

　　接著在周邊的空格填入達成目標所需的「點子」或是「靈感」，陸續將想到的事情填入空格之中。假設目標是「達成年收一千萬」，就是在周邊的空格填入達成這個目標的點子，或是阻礙這個目標實現的因素。

　　如果要利用曼陀羅表格解決問題，則是在核心周邊的空格填寫解決問題所需的手段、需要反省的部分以及注意事項。在核心空格填入主題，以及在周邊的空格填寫與主題有關的事情，自然而然就會深入探討這個主題，原本渾沌不明的想法也會變得清晰可見，進而明白下一步該採取哪些具體的行動。

【圖 15】曼陀羅表格可以達成目標、解決問題

將曼陀羅表格當成達成目標的工作

**在核心空格設定「目標」
就能提升企畫力與達成力**

工作
想達成的目標、
事業計畫、
專案管理

**核心空格
目標**

行程表
全年計畫、
本月計畫、
人生目標

私領域
想考取得證照、
想學會的語言、
瘦身、
健康管理

將曼陀羅表格當成解決問題的工具

**在核心空格填入「課題」，
讓自己進一步思考與整理資訊**

工作
解決問題、
激發創意、
腦力激盪、
開發商品

**核心空格
課題**

行程表
減少加班、
增加休息時間

私領域
購買想入手的東西、
解決家人的煩惱、
訂定旅行計畫

曼陀羅表格為什麼有九宮格？

　　曼陀羅表格源於佛教流派之一的密教曼陀羅圖，曼陀羅圖是為了讓不識字的人們，能夠一眼看懂佛陀教誨和宇宙奧祕所繪製的圖。佛教的發源地印度在古代使用的是梵語，而曼陀羅在梵語之中的意思是「具有本質的東西」。在佛教之中，所謂的本質就是宇宙的真理，當我們能夠通曉真理，就能夠進入開悟的境界。

　　佛陀往生之後，佛陀的弟子為了讓更多人了解這個宇宙的真理，而打算以視覺的方式呈現這個真理，曼陀羅就是佛陀弟子集思廣益之下的結晶。換言之，曼陀羅圖就是以圖畫的方式表現宇宙真理的「智慧結晶」。

　　曼陀羅分成胎藏界曼陀羅與金剛界曼陀羅兩種，曼陀羅表格則是以3×3九宮格的金剛界曼陀羅為藍圖。金剛界曼陀羅將象徵宇宙真理的大日如來放在核心的位置，再於周邊的八個空格放入佛陀的世界或是眾生的救贖，展現大日如來的智慧。

　　自佛教誕生以來，佛教那深奧的哲學已經過兩千年以上的歲月淬鍊，產生了超越時代的價值，而曼陀羅表格正是蘊含佛教奧義的工具。

【圖 16】金剛界曼陀線的結構

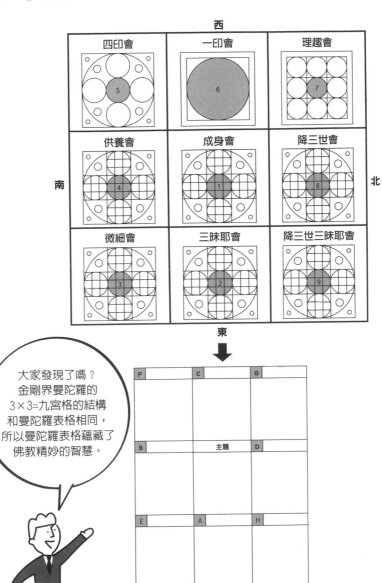

填寫Ａ型表格的順序是以金剛界曼陀羅為藍圖

接下來讓我們一起具體了解曼陀羅表格的填寫方式。第一次看到Ａ型表格的讀者，應該會覺得Ａ至Ｈ這幾個英文字母的順序很奇怪，比方說，核心空格的下方是Ａ，然後左側是Ｂ，接著依照順時針的方向填入Ｃ與Ｄ，然後Ｅ突然跳到左下角的空格，再以順時針的方向依序將剩下的英文字母填入剩下的空格。

在填寫曼陀羅表格的時候，當然還是會依照Ａ至Ｈ的順序填寫，也就是先填Ａ再填Ｂ，之後再填Ｃ。為什麼這些英文字母會以上述的順序排列呢？答案就藏在前一節介紹的密教金剛界曼陀羅。金剛界曼陀羅將大日如來配置在正中央，接著依照東→南→西→北的順序配置相當於大日如來的如來。由於在曼陀羅之中，「東」是位於下方，而不是右方，所以才把Ａ放在核心空格下方。Ａ至Ｄ都會與核心空格相鄰，所以建議填寫與主題極度相關的內容。當這四個空格都填完，接下來就是填寫位於四個角落的空格，而此時要思考的是，這些角落空格與相鄰的空格有什麼關係。在填寫Ａ型表格，不一定得遵守這個順序，但依照這個順序撰寫，更能體會曼陀羅的奧妙以及曼陀羅表格那不可思議的效果。

【圖 17】曼陀羅 A 型表格

F	C	G
	主題	
B		D
E	A	H

A型表格是3×3的九宮格結構，在核心空格放入「主題」之後，再填滿
與這個核心空格鄰接的四個空格（A、B、C、D），最後再填滿外側的
四個空格（E、F、G、H）。

B型表格在擴展
A型表格時使用

　　接著，讓我們一起了解B型表格的填寫方式。

　　基本上，B型表格是A型表格的擴充型，通常會先填寫A型表格，之後再於準備深入探討相關事物時使用B型表格。也就是說，不建議跳過A型表格直接填寫B型表格。因為B型表格的空格非常多，要全部填滿得耗費不少時間與精力，大部分的人都會寫到一半就放棄。請在B型表的正中央，抄寫A型表格的「主幹」與「分枝」的內容。也就是說，B型表格的核心部分就是A型表格。

　　接著在B型表格核心周圍的八個區塊的中心填寫分枝的內容。要注意的是，B型表格核心周圍的空格會以1至8的數字進行編號，而不是以A至H這些英文字母編號，唯獨填寫這些數字的順序與配置A至H這些英文字母的時候一樣，換言之，就是從中心開始，再依照下→左→上→右→左下→左上→右上→右下的順序填寫。

　　填寫完畢之後，就不難明白B型表格的確是為了進一步分析A型表格的分枝所「展開」的表格。話雖如此，A型表格與B型表格沒有優劣之分，複雜的B型表格不一定就比A型表格更厲害，如果想要寫得簡潔一點，可使用A型表格，如果想要進一步分析與考察，則可以使用B型表格。

【圖 18】曼陀羅 B 型表格

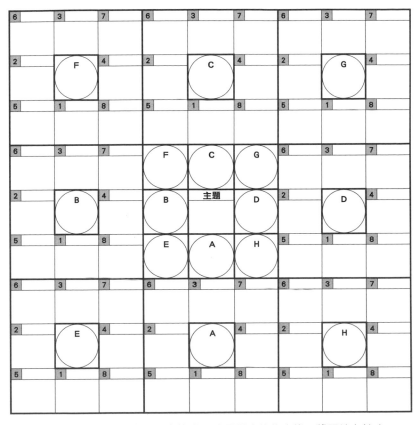

B型表格是由A型表格的九宮格進一步展開之後的表格。將圍繞在核心
主題周遭的A至H，謄寫至外圍的大型空格的核心空格。然後針對不同
的領域，進行深入的分析與發想。

「填滿空格」的思維能幫助
發想創意

　　某些沒使用過曼陀羅表格的讀者可能會懷疑在空格填入想法的方式是否真的有效果，或許有些人會覺得「創意就該不受限，不該困在有限的空格之中」。

　　不過，請大家稍安勿躁，因為只有在完全自由的規則下，才能得到完全自由的創意是錯誤的。比方說，在開會的時候聽到「請自由發言，有什麼點子都可以提出來」，反而不知道該說什麼，所有人都陷入沉默的情況，應該有不少人都遇過對吧？

　　反過來說，若有人先拋磚引玉，我們反而更能自由地發揮創意。比方說，「希望這間公司在一年後變成什麼樣子？」「該怎麼宣傳，才能讓外國人購買這項商品？」這類問題反能激發我們的創意。

　　大家不覺得這類框架反而能激發我們的大腦，想到更具體的點子嗎？圖19所介紹的沒有框架的思考模式，只會讓我們想到缺乏整體性，又不著邊際的點子，事後閱讀時，也很難有什麼想法，反觀曼陀羅表格這種有框架的思考模式更能讓我們陸續找到具體的點子，事後閱讀時，也更容易了解箇中內容。

【圖 19】比一比！有框架和沒有框架的思考模式

沒有框架的思考模式

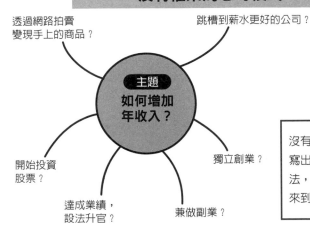

透過網路拍賣
變現手上的商品？

跳槽到薪水更好的公司？

主題
如何增加
年收入？

開始投資
股票？

獨立創業？

達成業績，
設法升官？

兼做副業？

> 沒有框架的思考模式會
> 寫出一堆不著邊際的想
> 法，我們也不知道接下
> 來到底該做什麼。

有框架的思考模式

F 喜歡的事情	C 跳槽	G 重新檢視支出
● 以模型賺錢 ● 試著創立與模型有關的 YouTube頻道	● 找到薪水更好的公司 ● 思考何時辭掉現在的工作	● 不是增加收入，而是減少支出 ● 利用家計簿記錄收支
B 資產運用	**主題** 如何增加 年收入？	D 升官
● 學習股票投資的知識 ● 請教熟悉投資的前輩		● 調查升官需要哪些資格 ● 準備證照考試
E 副業	A 獨立創業	H 賣掉手上的東西
● 調查能在下班之後經營的副業	● 創業需要多少資金 ● 創業還需要哪些技能	● 列出目前沒在使用的東西 ● 調查在哪裡出售手上的東西

> 這種有框架的思考方式可讓想法變得更具體，也能在填滿3×3空格的
> 同時，發現之前沒發現的事情，找到全新的想法。

填寫時，手寫好？
還是電腦輸入好？

　　真的要開始寫曼陀羅表格的時候，或許會不知道用「手寫」還是「電腦輸入」。有些人覺得，就是要手寫才能刺激大腦，也才會有成就感，但有些人卻覺得，寫在筆記本很麻煩，利用電腦做個範本，之後再輸入相關的內容比較方便。

　　就結論而言，手寫或是電腦輸入都可以。覺得手寫好就手寫，覺得電腦輸入方便就電腦輸入，選擇順手的方式即可。

　　不過，我比較推薦電腦輸入。只要是稍微熟悉電腦操作的人，應該能利用Excel這類試算表軟體製作曼陀羅表格的範本。只要將Excel的儲存格看成曼陀羅表格的「空格」，應該就能順利做出範本。

　　利用電腦製作曼陀羅表格的最大優點在於方便，除了只需要輸入所有想到的事情，還能利用資料夾整理與封存相關的檔案，甚至還能在曼陀羅表格貼入數位照片或是網站與影片的網址。

【圖20】曼陀羅表格可以手寫也可以用電腦輸入

	A	B	C	D	E	F	G	H	I	J
1										
2										
3					曼陀羅表格（目標設定表）					
4										
5		製作日期： 年 月 日 備註：								
6										
7										
8			手段F			手段C			手段G	
9										
10					手段F	手段C	手段G			
11			手段B		手段B	目標	手段D		手段D	
12					手段E	手段A	手段H			
13										
14			手段E			手段A			手段H	
15										
16										
17										
18										
19										

> 曼陀羅表格
> 不一定要手寫，
> 也可以使用Excel這類軟體的
> 儲存格製作。
> 不管是手寫還是電腦輸入，
> 讓自己能隨時寫下想到的
> 事情最重要。

填寫時，要寫得「更具體一點」

　　有些人雖然有心要寫，卻不知道該寫什麼才好，這種「出師不利」的例子其實很常見。

　　基本上，曼陀羅表格沒有「非得這樣寫不可」的規則，卻有「這樣寫，能讓曼陀羅表格發揮120%效果」之類的祕訣。

　　填寫曼陀羅表格的祕訣有六點，第一就是「寫得具體一點」，不要寫得太抽象。如果不知道該怎麼寫得具體，也可以寫成條列式的內容。第二是填寫「有可能達成的事情」，因為設定太高的目標，反而容易中途放棄。第三是填寫「有興趣的事情」，意思是不要填寫別人設定的目標，而是要填寫自己由衷感興趣的事情。第四是「量化」，也就是量化目標或進度，才能勾勒更具體的願景。第五是「決定期限」，要想達成目標就一定要決定期限，最後則是「每天填寫曼陀羅表格」，每天填寫會讓填寫曼陀羅表格變成一種習慣，而曼陀羅表格也會督促你持續行動。

【圖 21】填寫曼陀羅表格的六個祕訣

曼陀羅表格
沒有固定的填寫方式，
如果想完全發揮曼陀羅表格的威力，
有一些可以試著遵守的規則。
在填寫時注意這些規則，就能
讓你的曼陀羅表格變得更棒！

1 = 寫得具體一點　寫出具體的行動，就能真正採取行動。

2 = 填寫有可能達成的事情　不設定再怎麼努力也無法達成的目標，改為設定自己能達成的目標。

3 = 填寫有興趣的事情　填寫「打從心底真心想做」的事情

4 = 量化　不要只寫「要做這個」，而是要寫「花多少時間做這個」，加上時間、次數、天數、金額這些量化的敘述。

5 = 決定期限　為要做的事情設定期限，就能產生動力。

6 = 每天填寫曼陀羅表格　盡可能每天填寫，就能督促自己採取行動。

填寫時，
兼顧「理想」與「實作」

　　由於A型表格總共只有九個空格，相對容易填寫，而B型表格則有81個空格（排除核心的九格以及周圍分枝的八個核心，也有64格），所以有些人會覺得「真的要填滿這麼多空格嗎？」。

　　不過，請大家不用擔心，因為曼陀羅表格的空格不需要當下全部填滿，之後想到新的內容再填寫即可。

　　第四章的「透過B型表格檢視人生平衡度」和「利用雷達圖讓人生平衡度更具體」這兩節內容也會提到，沒能立刻填滿的空格其實也很有意義，因為已經填好的空格與未能立刻填好的空格之間，存在一定程度的落差，而這種落差就代表你現在的狀況，也能告訴你，接下來該往哪個方向前進。

　　話說回來，接下來要介紹盡可能填滿空格的方法。在填寫空格時，可多注意「理想」與「實作」，也就是試著寫出「我想成為這樣的狀態」，之後再寫出「該怎麼做，才能達成這種狀態」這種「實作」。不斷地問自己「理想」與「實作」，應該就能輕鬆地填滿所有空格。

【圖22】不必填滿所有空格

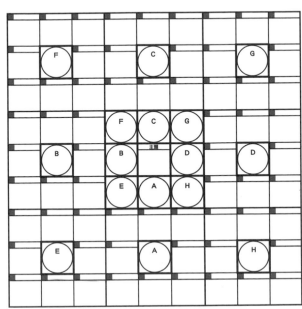

雖然填滿空格比較好，但不必逼自己填滿所有空格。先試著寫寫看，試著填滿一些空格即可。至於該怎麼填寫，可參考下列的做法。

先思考理想樣貌，
再思考實作方法

理想

- 幾乎不加班的狀態
- 今年之內考過升職考試

實作

- 決定工作的優先順序，早一點開始處理
- 趁空檔讀書，並且將這件事轉化成習慣

剛開始填寫曼陀羅表格時，
不用寫得太完美

　　填寫曼陀羅表格的時候，請盡量放鬆心情，不需要太過緊張，才能夠想到許多點子，而且寫好之後，日後一定要回頭檢視，以及修正或是補充內容。

　　重點在於寫了什麼內容，而不是填寫的方式，所以不需要逼自己在第一次填寫的時候，就寫得很完美。此外，也很建議針對相同的主題多寫幾次，如此一來，就能一眼看出自己是透過怎麼樣的過程找到創意或是點子，要注意的是，記得在不同版本的曼陀羅表格加上日期。如果是利用電腦輸入的方式填寫相同主題的曼陀羅表格，記得不要覆寫原本的曼陀羅表格，而是要以「另存新檔」的方式新增檔案。

　　若問為什麼要保留之前的曼陀羅表格，是因為比起修正過、更新過的曼陀羅表格，最開始的曼陀羅表格往往更好，而且也能從這些曼陀羅表格看出自己的想法是如何成形的，以及產生了哪些變化，進而從中得到更多的想法。

【圖 23】曼陀羅表格可以隨時調整

曼陀羅表格也可以更新！

日期：6月30日

F		C 飲食		G	
B 重訓		主題		D 零食	
		今年瘦 10公斤！			
E 保養		A 美容		H	

日期：7月13日

F		C 飲食		G 重訓	
B 保養		主題		D 時尚	
		今年瘦 10公斤！			
E 美容		A 慢跑		H 零食	

日期：9月2日

F 保養		C 飲食		G 蔬食主義	
B 重訓		主題		D 瑜珈	
		今年瘦 10公斤！			
E 美容		A 慢跑		H 零食	

曼陀羅表格不是寫完就算了，
還可以隨著時間不斷更新內容。
重點在於為每張曼陀羅表格加上「日期」，
就能一眼看出自己的想法有哪些變化。

將曼陀羅表格放在隨時能夠看得到的地方，威力就會倍增

　　大家聽過「彩色浴效應」（Color Bath）嗎？這是心理學的名詞，指的是「人類一旦對某件事物特別感興趣，就會自然而然地注意相關的資訊」，也翻譯成彩色浴效應。雖然這原本是心理學的名詞，但現在已成為創意發想的概念之一。

　　若問彩色浴效應有哪些具體的例子，比方說，當你在逛街時，突然有人要你「注意紅色的東西」，你就會一直看到之前沒注意的「紅色東西」，這就是所謂的彩色浴效應。

　　也就是說，當我們特別注意某個事物之後，就會因為想要多了解這個事物而注意各種相關的資訊。

　　這種心理效果很適合激發創意，因為只要將某個想法放在心裡，就能不斷察覺與這個想法有關的資訊。相反地，如果沒把這個想法放在心裡，就很可能錯過讓這個想法昇華的必要資訊。

　　綜上所述，我們應該將填好的曼陀羅表格放在常常看得見的地方，以產生彩色浴效應。

　　比方你可以將曼陀羅表格印出來，然後放在書桌附近，或是設定成手機或電腦的桌面。雖然這麼做，沒辦法看清楚曼陀羅表格的內容，卻能時時提醒自己填寫這張曼陀羅表格的「目的」，也能讓自己留意那些有助於達成目標或解決問題的資訊，進而產生更多的

想法。

　　利用這些新想法更新曼陀羅表格，能讓你的想法與創意不斷升級，以及變得更具體，也就更容易採取實際的行動。

　　有些採用了曼陀羅表格的公司將共享的曼陀羅表格貼在每個人都看得到的場所（例如牆壁），除了貼在辦公室的牆壁之外，也可以貼在大門或是廁所的牆壁，總之貼在常常看得到的位置即可。

　　我最推薦的方法是將曼陀羅表格印出來，貼在手帳或是折起來，夾在手帳或筆記本裡面，隨身帶著走，如此一來，就能在休息的時候隨時拿出來瀏覽。

　　重點在於常常檢視填好的曼陀羅表格。比方說，在咖啡廳休息時、工作空檔時、搭車回家時、晚上睡覺之前躺在床上時，一想到就拿出來看，就能觸發彩色浴效應，讓你的想法產生改變。請大家在填好曼陀羅表格之後，盡可能常常拿出來看。

寫好曼陀羅表格，
一定要定期檢視

　　你會不會在工作或學業告一段落的時候「內省」（reflection），指的是回頭檢視自己的一言一行，並且從客觀的角度分析，藉此改善自己的下一步。

　　有些人以為「內省」就是「反省」，但其實兩者截然不同。

　　反省是在失敗、犯錯、無法達成目標的時候，找出原因與責任的過程，而這個過程通常往往偏向負面。

　　但是「內省」不一定只能用來分析產生負面結果的行動，還能用來找出產生正面結果的行動。簡單來說，反省是找出失敗的原因與責任，回顧則是為了「改善事物與自己」。

　　「內省」有許多好處，比方說，可更客觀地看待自己的一言一行，自然而然就會知道自己有哪些部分需要改善。要想改善事物，就必須從客觀的角度觀察這些事物，否則我們就只會以主觀與帶有個人情感的角度看待事物，如此一來，通常無法找出有待改善的部分。

　　由於「內省」可於成功與失敗的時候進行，所以也能找出自己「做得不錯的部分」，也能大幅提升自信。不斷地檢討自己只會讓我們聚焦在那些「做得不好的部分」，無助於提升自信。所以常常「內省」，可讓我們培養時時保持樂觀與積極的習慣。

在使用曼陀羅表格的時候，「內省」也是相當重要的環節。說得更正確一點，比起填寫曼陀羅表格的過程，事後「內省」曼陀羅表格更加重要。許多人都會使用曼陀羅表格，但是能透過曼陀羅表格的人，一定都常常「內省」自己的曼陀羅表格。

　　定期「內省」自己的曼陀羅表格，從中找出哪些部分已有進展，哪些部分需要改善，哪些部分又需要大幅修正，我們的行動也將產生改變。

　　可以的話，最好定期檢視曼陀羅表格以落實內省。比方說，在每周六花20分鐘內省，或是在月底花30分鐘內省，也可以在晚上睡覺之前，想想看今天一整天的行動，是否符合曼陀羅表格的內容。

　　之所以希望大家花時間內省，是因為這麼做能知道哪些事情做得好，哪些事情做得不好，也能知道哪些事情已經達成，或是哪些事情還沒達成，也能讓自己的動力時時維持在高檔。

A型表格應用案例①
年終大掃除

　　製作這張A型表格的是六十幾歲的家庭主婦齋藤。放在核心空格的主題是「改變年末大掃除」。在此之前，齋藤小姐每到十二月，都會邀請全家一起大掃除，也樂在其中，但是參加者越來越少，有些地方就掃不到，不然就是打掃到得了腕隧道症候群，所以為了手腕的健康，齋藤小姐打算全面檢視年終大掃除這件事，所以就製作了這張曼陀羅表格。

　　齋藤的孫一步是將年終大掃除的流程分成1至12的重要度，接著再以每季、每月、每周、每日分類這些流程，如此一來，非得在年終進行的部分就會減少。

　　齋藤小姐的年終大掃除檢視作戰的重點，就是本書後續介紹的「年度優先計畫」（參考第四章的「訂定年度優先計畫，實現想做的事」）。這是將全年該做的事情排入行程表，接著再將這些事情排入每月行程表，藉此確實執行每件該做的事情。換言之，齋藤小姐的理想就是將年末大掃除的所有流程分解成一年的行程，讓這些打掃的流程不需要全部擠在年底的時候進行。

　　最終，齋藤小姐完成了目標，得以在核心空格的主題欄位寫下了「年末大掃除變得很輕鬆」這個很棒的結果。

【圖 24】A 型表格案例 1：年終大掃除

（順）：順便打掃

F　秋天（10月）	C　每月1次（30分鐘）	G　春天（4月底）
● 清洗蕾絲窗簾 ● 掃掉天花板與牆壁的灰塵 ● 以兩天的時間整理衣櫃與衣櫥	● 打蠟 ● 更換冰箱門膠條	● 清洗換氣扇（不含安裝40分鐘） ● 清洗蕾絲窗簾 ● 以兩天整理衣櫃
B　每周1次（15分鐘）	改變年終大掃除	D　重點
● 不管打掃哪個區域，都遵守打掃時間 〔7月（調味料架） 8月（鞋櫃） 9月（餐櫃） 10月（木箱） 11月（收納櫃） 12月（冰箱）〕 ● 擦地板（順） ● 擦門（順） ● 擦插座（順）	減少年終大掃除流程 1 掃掉天花板與牆壁的灰塵 2 玄關與用水處仔細打掃 3 擦拭燈具 4 清洗換氣扇 5 由小孩與老公負責打掃的部分	● 每天整理的時間與打掃的時間一樣長 ● 時間一到就結束打掃 （很難做得到） →有助於提升等級 ● 在打掃之前，先想像打掃後的情況 ● 準備一個打掃專用籃 （裡面放清潔劑、抹布、牙刷這類工具，方便隨時能夠打掃）
E　每天（外出日）	A　每天（在家日）	H　保持心情愉悅
1 為了避免蒙上灰塵，用雞毛撢子撥一撥 重要 2 早上花10分鐘打掃洗臉台、廁所與玄關（順） 3 睡覺前花10分鐘打掃	1 輪流使用吸塵器與雞毛撢子打掃 （無法打掃時，至少要用雞毛撢子撥一撥） 2 早上花10分鐘打掃 （洗臉台、廁所、玄關） 3 花10分鐘仔細打掃： 周一：客廳　周二：廚房 周三：用水區（浴室、洗衣機、廚房） 周四：玄關、其它 4 花10分鐘整理家裡 5 雨停了就擦窗戶與陽台	● 設定一個要努力打掃的日子 ● 順手打掃的訣竅 ・上廁所的時候順便打掃一下廁所 ・一邊燉東西，一邊以熱水擦拭微波爐或牆壁 ・把掉在通道的垃圾撿起來……

A型表格應用案例②
工作目標

　　這是在某間連鎖餐廳企業負責人事工作的野中先生所寫的A型表格。三十幾歲的野中先生在寫這張A型表格之前，大約有兩年多的時間，在業務部擔任管理多間門市的分區經理，因此他似乎覺得「真正努力的人，常常得不到認同」

　　因此他申請調至人事部門，申請也通過了。為了釐清自己在擔任人事工作時，該做到哪些事情，所以開始填寫這張A型表格。野中先生設定的主題是「讓自己服務的公司成為員工滿意度第一名的企業，進一步來說，就是洗刷連鎖餐飲產業多是黑心產業的不良印象，提升連鎖餐飲產業的地位！」

　　在填寫表格時，野中先生發現沒辦法自己完成這張表格，所以他邀請其他成員一起製作這張表格，最後也得以從不同的角度得到不同的想法。在完成這張表格時，所有負責人事工作的同事也因此得到成就感。在原本就簡單易懂的曼陀羅表格置入插圖，曼陀羅表格就會變得更簡單易懂，這也是曼陀羅表格的優點之一，就算是旁人也能一眼看懂這張曼陀羅表格的內容。

【圖 25】A 型表格案例 2：工作目標

F 建構教育體系	C 徵才活動	G 規畫人事費用
為了贏在未來，建立能提供必要教育機會的教育體系 ● 釐清定義 ● 規畫課程 ● 培養公司內部講師 	**讓求職者知道能與公司一起成長** ● 宣傳活動 ● 徵才過程 ● 確定人才之後的流程 ● 鎖定進入社會未滿三年的應徵者 	**與員工一起打造幸福的環境** ● 重新檢視薪資結構 ● 積極強化兼職人員的戰力 ● 符合生涯規畫的雇用模式
B 改革人事制度	打造應徵人數第一的企業	D 製作人事檔案
改革人事制度，以便找到公司需要的人材 ●「不說謊」、「遵守約定」和「不說別人壞話」，訂立這類明確的評估制度 	**提升連鎖餐飲產業的地位** 大眾都覺得連鎖餐飲產業是黑心產業…… 可是我認為連鎖餐飲產業是透過食物讓每個人獲得幸福的產業，也是社會不可或缺的產業，所以想透過這次調任至人事部門的機會，證明連鎖餐飲業是多麼美好的產業，也為此擬訂應徵人數第一企業的計畫。	**製作人事檔案，讓每個人有機會充分發揮個人特色** ● 找出強項 ● 人事建檔 ● 取得人事配置的決定權
E 職涯規畫支援制度	A 品牌策略	H 打造適合工作的環境
讓員工與公司一起參與職涯規畫支援制度 ● 製作職涯規畫表 ● 設置職涯諮詢窗口 	**增加員工與公司共享願景的機會** ● 成長策略 　⇒品牌策略 ● 共享品牌理念 ● 經營計畫發表會的企畫 	**打造充滿歡樂、安全感的工作環境** ● 不加班、增加特休機會 ● 增加福利 ● 打造適合女性工作的環境 ● 多元化

A型表格應用案例③
釐清思緒與願景

　　製作這張A型表格的是擔任健身教練的平田小姐；五十幾歲的平田小姐為了讓學員能夠更輕鬆自在地活動身體，都會依照學員的情況提供適當的課程。她之所以會想製作這張表格，是因為明明人生已走到一半，卻還是每天被工作追著跑，導致那些想做的事情一直延後，所以她想透過曼陀羅表格釐清那些「不緊急但很重要的事情」，也就是找出「往後人生不可或缺的事情」。

　　她的主題是「往後人生不可或缺的事情」，至於旁邊的空格則填入工作、金錢、打掃、飲食、家人、健康、休閒與興趣和朋友，也針對人生的各個領域寫下自己覺得很重要或是很想實現的事情。

　　平田小姐一開始只打算釐清思緒，以及試著將那些在意的事情列成條列式的內容，但是當她開始填寫曼陀羅表格，才知道哪些事情應該優先處理，以及自己又該實踐哪些事情，此外，她也在「今後要做的事情」這個項目寫下具體的行動。由此可知，在填寫曼陀羅表格的時候，可釐清思緒與願景。

【圖 26】A 型表格案例 3：釐清思緒與願景

F 健康	**C** 掃除	**G** 休閒與興趣
○維持運動的習慣 ★預防腰痛的運動 ★有氧運動 ★瑜珈 ○睡飽 ●今後要做的事情…… ★定期接受健康檢查 　（胃、乳癌、大腸） ★美齒 ★妥善安排時間，睡飽一點	○在意的部分 　家：曬衣架、玄關牆壁、玄 　　　關大門 1樓：廚房、餐櫃、衣櫃、衣 　　　服 2樓：書本、文件、棉被、 　　　衣櫃、衣服 ●今後要做的事情…… ★丟掉不需要的東西 ★曬衣架需要另外施工，所以 　要丟掉原本的曬衣架 ★趁著天氣好的時候，為玄關 　重新粉刷亮光漆與油漆	○想體驗的休閒 ★旅行(去夏威夷、宮古島、伊豆) ★想看海 ★想看飛機 ★想喝啤酒 ★想吃甜食 ★想泡溫泉 ★想看外國連續劇或電影 ●今後要做的事情…… 比方說，更積極地做想做的事 情、看想看的東西、喝想喝的 飲料、吃想吃的食物(笑)，藉 此消除壓力！
B 金錢	**主題：**	**D** 飲食
○釐清金流 ★銀行(也有已無往來的銀行) ★信用卡 ★學習理財 ★檢視電費、瓦斯費、水費、 　手機月租費等費用 ●今後要做的事情…… ★抄下銀行帳號、信用卡號 　（以便因應緊急狀況） ★減少不必要的生活開銷 ★試著運用資產	**往後人生 不可或缺的事情**	○注重健康 ★發酵食品 ★蔬菜 ★肉 ★魚 ●今後要做的事情…… 沒有時間常買便當與熟食，所 以盡可能自己煮，並攝取營養 補充品
E 家人	**A** 工作	**H** 朋友
★媽媽 ★姐姐 ★親戚 ●今後要做的事情…… ★媽媽在養老院生活，所以常 　去看她，或是寄點心給她 ★向姐姐報告媽媽的情況，製 　作緊急應變手冊 ★每個月和叔叔聯絡一次	○收入來源 運動俱樂部、社團與其他(例如 法人機構) ○工作內容 健身 (課程、小組健身課程、擔任講 師) ●今後要做的事情…… 思考健身之外的工作	★從學生時期就認識的朋友 ★工作夥伴 ★其他的朋友 有些朋友常聯絡，有些朋友很 少聯絡 ●今後要做的事情…… 與疏遠的朋友重新取得聯繫(例 如夏天，與對方聯絡)

Ａ型表格應用案例④
找到讓自己更幸運的拼圖

　　製作這張Ａ型表格的是男性上班族平良先生（四十幾歲）。在蔬果批發公司擔任總務部長的平良先生也是一位「風水建議師」，常給人一些讓生活變得更游刃有餘的建議，也常常研究人類的「運氣」。

　　這張表格的主題是「幸福的拼圖」，也就是「找出讓身心幸福滿盈的拼圖的九張表格」。

　　核心主題的周圍包含「利用四柱推命鑑定命運」、「宅卦（居家風水能量調整）」、「開運表格製作」、「透過姓名學改運」、「利用藥膳料理保養身體」、「利用數祕術指引人生方向」、「在吉日採取行動」和「利用刺激內臟的瑜珈保養身體」這8個區塊。

　　平良先生認為風水學是一門「打造良好環境」的學問，也不斷思考該怎麼做，才能透過這八種改運方式讓每個人的身心都充滿幸福，最終便寫出這張表格。

　　曼陀羅表格是以一眼就能看懂的佛教智慧結晶「曼陀羅」為藍圖。平良先生希望透過曼陀羅表格說明既複雜又跨領域的「風水思想」，讓我們能夠找到讓自己變得幸運的拼圖。

【圖 27】A 型表格案例 4：找到讓自更幸運的拼圖

F 利用數祕術 指引人生方向	C 開運表格製作	G 在吉日採取行動
● 根據生日算出生日靈數 ● 從基本生命靈數得知個性的傾向 ● 了解廚房、廁所、浴缸等用水處的使用方法。 ● 了解一整年、一整個月的運氣。 ● 了解哪些工作與伴侶適合自己。	● 使用為了平成30年度設計的開運表格。 ● 在A型表格填寫大型計畫。 ● 根據各種風水理論與數祕術的鑑定結果，在B型表格填寫適合執行計畫的時期以及可行的內容。	● 利用擇日學找出吉日，並在吉日進行重要的事情。 ● 利用幸運色與開運小道具躲開凶日。 ● 每晚寫日記，思考擇日法的準確率。
B 宅卦（居家風水能量調整）	幸福的拼圖	D 透過姓名學改運
● 了解家裡、房間的能量場所，調整能量的分配。 ● 了解寢室與工作室等房間。 ● 了解廚房、廁所、浴缸等用水處的使用方法。 ● 利用房間的方位能量，以提升需要的能量。 ● 減少陰的能量。	找出讓 身心幸福的 九張表格	● 根據姓名、筆畫數、陰陽、五行、天地人、音畫、八卦鑑定。 ● 了解基本系統。 ● 鑑定家庭、社會、健康、工作方面的運氣。
E 利用藥膳料理 保養身體	A 利用四柱 推命鑑定命運	H 利用刺激內臟的 瑜珈保養身體
● 了解每個季節該攝取的食材。 ● 了解生日的天干地支，找出適合的飲食。 ● 利用四柱推命的五行，設計營養均衡的餐點。	● 利用四柱推命了解自身健康的平衡。 ● 了解與生俱來的特質。 ● 了解過去。 ● 預測未來即將發生的事情與擬定相關的對策。	● 利用4DS瑜珈的手勢與姿勢，刺激不會自行活動的內臟或淋巴結，打造活到120歲都能用自己的雙腳走路的健康身體。 ● 透過四柱推命了解虛弱的內臟，再透過一些刺激活化這些內臟。 ● 基本、駝背、圓肩、後背的呼吸方式。

Ａ型表格應用案例⑤
以曼陀羅表格善用手帳

製作這張Ａ型表格的是住在兵庫縣的荻野小姐（五十幾歲）。擁有曼陀羅表格講師證照的她連續使用了後面介紹的曼陀羅手帳（參考第四章的「利用曼陀羅表格訂立人生一百年計畫」）6年之後，成為「曼陀羅手帳諮詢師」，介紹曼陀羅手帳的使用方法。

這張表格的主題是「2013年　手帳的使用方法：我的規則」。荻野小姐認為，正因為手帳是每個人都能擁有的工具，所以每個人才需要替自己建立使用手帳的「規則」，也因為建立了規則，才能徹底應用手帳。當手帳用得「淋漓盡致」，似乎就會感受到自己「活得很精彩」、「活得很努力」。

核心主題的周圍配置了構成曼陀羅手帳內容的人生計畫、工作計畫、年度優先計畫、當月企畫計畫、當周（習慣）行動計畫、當日實踐計畫、人生一百年計畫和確認結果這些項目，只要在這項項目填寫為什麼需要項目，以及該如何使用曼陀羅手帳，就能從至高點了解屬於自己的手帳使用方式。這個例子告訴我們，該如何透過曼陀羅表格釐清徹底使用手帳的規則，也是極具示範意義的例子。

【圖 28】Ａ型表格應用案例 5：以曼陀羅表格善用手帳

F　當日實踐計畫	C　年度優先計畫	G　人生一百年計畫
①了解一整天最理想的安排，以及與實際執行結果的落差。 ②在8個框框加上行動主題，在下方的□寫出具體的行動，降低採取行動的門檻。 ③能夠了解自己的能力極限。	①先了解一整年的計畫，就能安排完全由自己主導的行程。 →要以絕對要做的行程為優先。 ②當成手帳的目次使用。 ③當成隔年的行程資料使用。	①俯瞰自己的人生，了解過去種種，讓自己放下過去。 ②對人生有更深入的理解。 ③勾勒更理想的未來。
B　工作計畫	2013年 手帳的使用方法： 我的規則	D　當月企畫計畫
①除了工作之外，思考該怎麼做，才能妥善經營公司與家庭。 ②掌握職涯的夢想。 ③將人生視為一門生意，思考如何經營這門生意。	**①需要替手帳建立規則。** **②釐清屬於自己的規則，就能依照規則使用手帳。** **②依照規則使用手帳，就能透過手帳創造想要的未來。**	①安排每個月、每個小時的行程，就能掌握一整天的行程。 ②在當月企畫的頁面填入取得預約的事情，就能避免重複預約。 ③可掌握一整個月的流程（例如行程太過緊湊或寬鬆的星期）
E　當周（習慣）行動計畫	A　人生計畫	H　確認結果
①在核心空格寫下這個星期目標、待辦事項、工作、人生計畫安排的事情，考慮整周的時間安排。 ②實踐這部分的內容可督促自己執行人生計畫。 ③回顧一周的流程讓自己培養持之以恆的習慣。	①曼陀羅手帳的重點與核心。 ②維持人生8個領域（健康、工作、經濟、家庭、社會、人格、學習、休閒）的平衡，讓自己不斷成長。 ③寫出8個領域的內容，取得情緒與想法之間的平衡。	①早上確認（確認前一天、當天的事項） ②檢視一星期結果（反省與做得好的部分） ③檢視一個月的成果（看看各領域的進度有多少落差） ③每三個月檢視一次（找出完成與未完成的部分） ⑤年底檢視一次（年初的目標是否達成？達成了幾％？）

A型表格應用案例⑥
勾勒公司理想樣貌

　　製作這張A型表格的是經營者廣瀨先生（五十幾歲）。主題是「我的公司的理想樣貌」。廣瀨先生的公司是以人事評估制度、各種研修課程幫助小公司培養人才，讓小公司成為一流公司的公司。經常舉辦企業研修課程的廣瀨先生發現，不少經營者都希望「找出自家公司有待改善的部分」。

　　廣瀨先生發現，如果只改善了有待改善的部分，不過是讓不符合標準的部分合乎標準而已，所以推薦其他的方法，也就是先找出「理想的公司樣」，再朝這個方向前進的方法。這種方法與藏在曼陀羅表格背後的曼陀羅思考法可說是完全一致（參考第四章的「曼陀羅思考法8原則③」）。廣瀨先生在製作這張A型表格時，主要是將這張表格製作成用來釐清公司理想樣貌的範本。

　　核心主題的周圍配置了「公司員工會有哪些改變？」「在員工心目中，上班時間是怎麼樣的時間？」「在員工心目中，公司是怎麼樣的場所？」「同事是怎麼樣的存在？」這些都是讓經營者得以勾勒公司理想樣貌的問題，這些問題也能幫助經營者採取行動。

【圖 29】A 型表格應用案 6：勾勒公司理想樣貌

F 顧客如何看待我們的公司？	C 在員工心目中，公司是怎麼樣的場所？	G 合作的公司如何看待我們的公司？
● 「沒想到能為我們做到這個地步」的公司 ● 一有相同需求就立刻想到的公司 ● 想讓我家兒子過去上班的公司	● 遇見重要的人的地方 ● 學到很多事情的地方 ● 磨練技巧的地方	● 願意兩肋插刀的公司 ● 希望合作的公司 ● 有很多值得學習之處的公司（大喊「真不愧是這家公司！」的感覺）
B 在員工心目中，上班時間是怎麼樣的時間？	員工心目中的公司長什麼樣子？	**D** 同事是怎麼樣的存在？
● 讓自己發揮價值的時間 ● 超越昨日自己的時間 ● 得到認同的時間	**員工心目中的公司 長什麼樣子？ 無可替代的存在 能夠磨練自己， 又能安心待著的場所**	● 對工作嚴格、對人溫柔的存在 ● 互補的存在 ● 能彼此切磋激勵的存在
E 員工的家人如何看待我們的公司？	**A** 公司員工會有哪些改變？	**H** 社會大眾如何看待我們的公司？
● 能讓人安心的公司 ● 能得到尊敬的公司 ● 充滿溫情的公司	● 成為更好的人 ● 成為懂得體貼的人 ● 成為熱愛挑戰的人	● 一流的小公司 ● 沖繩之寶 ● 不滿足於現狀，希望能進一步成長的公司

Ａ型表格應用案例⑦
想法更具體

　　製作這張Ａ型表格的是建築業顧問的出口先生（四十幾歲）。出口先生的專業為建築業，目前是以自身的專業幫助公司尋找顧客、增加收益、培養人才，以及實踐美好願景的顧問。這張表格的對象為建築業的經營者，為的是幫助這些每天都忙到不行的經營者擺脫頭痛醫頭、腳痛醫腳的經營模式，陪這些經營者一起走向未來。

　　這張表格的主題是「擺脫頭痛醫頭、腳痛醫腳的經營模式」，而周邊的空格則配置了傳遞資訊、出版、教材銷售、演講／研修、問題調查、電話顧問服務、人才培養、定期訪談與諮詢這些項目，整理了擺脫上述經營模式所需的方法。

　　出口先生提到，要達成遠大的目標時，往往很難真的採取行動，但是曼陀羅表格卻解決了這個問題，因為只要製作了曼陀羅表格，自然就會知道要達成這個遠大的目標需要哪些細節，也就能找到「能輕易踏出第一步」的部分。

　　在工作的時候使用這種曼陀羅表格，可讓那些原本模糊的想法化為白紙黑字，或許是因為這些想法變得更具體，所以也更有機會實現。

【圖 30】Ａ型表格應用案例 7：想法更具體

F 電話顧問服務	C 教材銷售	G 人才培養
希望以類似馬拉松配速員的身分，透過郵件與電話幫助企業經營。幫助企業察覺新事物，設定優先順序，以及採取行動，讓經營者得以打造能夠實現願景的環境。每個月只透過電話或Skype提供一次限時的服務，所以小公司的經營者也能以平實的價錢獲得服務。	替建設業舉辦講座或對談時，同時錄音錄影，讓學習者覺得身歷其境，也讓忙得沒時間學習或是住得比較遠，不方便參加學習者有機會學習。	為了工務店、裝潢公司這類有往來的公司、加盟商以及其他價值觀相近的業者提供期六個月的學習機會。講師由我以及兩位風格各異的員工負責，並且讓上述這些公司透過學習與實踐，了解公司的理想樣貌與具體的經營方式。與同是經營者的人一起學習與成長，喜悅與效果也會加倍。
B 出版	擺脫頭痛醫頭、腳痛醫腳的經營模式	D 演講、研修
透過部落格或臉書這類幅員廣泛的業種，幫助那些拚命工作卻賺不了什麼錢的經營者，讓對方明白公司的理想樣貌，以及收益來源，再透過簡單易懂的例子介紹如何以公司的理想樣與收益來源來訂立事業計畫，讓經營者學會中小企業的賺錢方式與機制。只要賺錢的企業越來越多，就會有越多企業投資設備，建設案也能風生水起。	就算已經忙得不可開交，也要騰出與第三者一起思考的時間，讓自己有機會朝向未來跨出一小步，藉此提升建築業的價值，成為有未來、令人嚮往的業界。為此，本人出口要讓經營者懂得培養顧客、增加收益與栽培人材，讓經營者變得更輕鬆，更能專注於本業。A至H是各種能夠提供的內容。	演講除了提供讓業界與相關團隊全面翻新的動向與其他資訊，還能讓企業得到一些靈感，感受一些微妙的變化。研修則是幫助企業從願景回推，找出各種達成願景的行動，訂立自己能夠接受的計畫。不管是演講還是研修，都是讓人感到安心與正面的場所，藉此讓人發揮潛能。
E 問題調查	A 傳遞資訊	H 定期訪談與諮詢
本人出口會幫助經營者找出較嚴重的問題，以及讓這些問題能夠寫成白紙黑字，讓經營者不再因此感到煩躁與不安。此外，為了消弭現況與理想的落差，會幫助經營者找出弭平落差所需的條件，再將這些條件細分為環境、行動與能力，同時排出優先順序，幫助經營者踏出最初的第一步。	透過每天更新的部落格與臉書，幫助各業種的人察覺盲點。透過一周一次的電子雜誌提供建築業相關人士有用的資訊，以及強調找到公司的理想樣貌，比找到經營方式更加重要這點。	以正職員的薪水錄用每個月上班一次的外部幹部，讓這位外部幹部成為公司的第二把交椅，藉此讓社長得以將心力投注在該做的事，以及讓業績得以提升。由於是外部幹部，所以能從第三者的角度告訴社長公司的現況。此外，也會另外安排時間，讓外部幹部與內部幹部、員工接觸，了解彼此的立場，以及因立場不同而產生的隔閡與成見。

Ａ型表格應用案例⑧
思緒更清晰、冷靜

　　製作這張Ａ型表格的是上班族森先生（五十幾歲）。據說他於2006年遇見曼陀羅手帳之後，從2010年開始參加手帳應用講座，2019年取得了曼陀羅表格講師的證照。

　　這張Ａ型表格的主題是「全程馬拉松目標」，具體來說，就是「在3小時55分鐘、每公里配速5分33秒」之內跑完全程馬拉松。據說森先生的興趣是跑馬拉松，而這張表格是他在參加馬拉松的時候製作的。首先他在核心空格的周圍填寫基本、意識、挑戰、排除雜念、確認事項、發生疼痛的對策、發生意外的對策和身體不適的對策這幾個區塊，然後在這些區塊分別寫入該注意的事項。聽到他實際參加馬拉松的時候，他將Ａ型表格影印成四分之一的大小，再放進口袋裡，以便在過程中發生任何問題時，都能拿出來確認。

　　聽說多虧這張Ａ型表格，讓森先生得以創下在3小時51分46秒跑完馬拉松的記錄。除了馬拉松之外，他也在日常生活使用這張Ａ型表格，據說他因此更懂得「安排時間」，覺得中長期的計畫更容易實現。他覺得，就算遇到課題與困難，只要將相關的事情寫在曼陀羅表格裡面，思緒就會變得清晰，也會變得更冷靜。

【圖31】A型表格應用案例8：思緒更清晰、冷靜

F 發生疼痛的對策	C 挑戰	G 發生意外的對策
覺得疼痛時， 降低速度 停下來做伸展操	讓腳跟盡可能 接近坐骨 讓雙腳放鬆， 像是受電弓一般折疊	如果是某種病因 造成的疼痛 立刻放棄比賽！
B 意識	**全程馬拉松目標**	**D 排除雜念**
靈活地運用 拇趾球與小趾球 讓薦骨往骨盆移動 髖關節外旋	在3小時55分鐘 之內跑完 （每公里配速5分33秒）	專心跑完目前的 一公里， 不要想之後的事情 如果出現雜念， 就欣賞風景與街景
E 確認事項	**A 基本**	**H 身體不適的對策**
注意步頻是否變慢 鼻子呼吸是否變得紊亂 姿勢是否走樣	①利用肩胛骨 決定步頻 ②鼻子呼吸 ③望向遠方	身體不舒服就 立刻放棄比賽！

B型表格
應用案例①
第一次離家生活

　　這張B型表格是在東京都經營不動產的水木先生（四十幾歲）製作的。水木先生在兒子考完大學，離開身邊之後，第一次準備一個人生活。對水木先生來說，對兒子來說，都是第一次準備一個人生活，所以他才試著利用曼陀羅表格整理一個人生活需要完成哪些事情。

　　要在短時間之內搬完家，開始一個人的生活，有許多需要完成的事情，也常常忙得團團轉，不過，只要利用曼陀羅表格寫出所有該做的事情，就能一眼看懂有哪些事情等著去做，也能按部就班地完成所有該做的事。

6 辦信用卡	3 付房租	7 各種手續
為了使用電子錢包，早一步辦信用卡。也能使用Amazon這類網購服務	利用新增的帳戶自動在每月27日的時候匯款。在註冊完畢之前，需要支付款項	完成自動匯款與辦信用卡的手續之後，改以信用卡支付。盡可能使用信用卡的紅利
2 網路註冊	**F 匯錢給兒子**	4 匯錢給兒子
網路最適合確認帳戶餘額與匯款是否完成		於每月25日將一定額度的金錢匯入主要帳戶。親子共享這個帳戶
5 家計簿	1 開帳戶	8 打工
確認匯多少錢給兒子(收支)，培養理財的習慣。	增設匯錢的主要帳戶與次要帳戶，在都市銀行或是郵局開戶	了解社會百態。以讀書為優先。擔任補習班老師

6 確認管理公司	3 優先順位	7 確認搬家時期
找到與大學合作的房仲公司或是在當地耕耘許久的房仲公司	以車站附近或是大學附近為優先。決定搭公車還是騎腳踏車上學	3月後半期至4月1日之間
2 活動確認	**B 找房子**	4 騎腳踏車上學
確認最後一天的行程，例如社團或是研究。有可能拖到最後一班公車之後的時間		
5 網路資訊	1 確認位置	8 看房子
透過網路搜尋房租行情。透過網路地圖確認房子的位置	大學校園、主要車站、公車站的位置(從車站走到學校約45分鐘。公車最後一班的時間是晚上七點半左右)	快接近3月的時候去看房子。從一個月之前開始看，會更有想法

6 丟垃圾的規則	3 確認停車場	7 家具的位置
瀏覽各行政區域與各里的官網，了解垃圾分類的方式	確認用自家車搬家時的停車場。與不動產公司聯絡	準備要買的家具與家電是否擺得下。確認插座的位置
2 決定日期	**E 搬家**	4 開通連絡
事先將物品裝箱，並在前一天將物品搬到自用車		水電、瓦斯、郵局、網路的開通(有時要耗費三周以上的時間)
5 領鑰匙	1 選擇	8 搬家地點
領鑰匙，確認室內狀況，看看有無任何損傷的部分。拍成照片存證，與不動產公司共用360度攝影機	一個人進行或是拜託搬家業者。大部分都是需要搬運的物品	

【圖32】B型表格應用案例1：第一次離家生活

簽約步驟（C）

6 請業者處理	3 調整入住日期	7 保證契約
更換免治馬桶	保證人（父母親）資料、所得證明、印鑑證明、蓋印手續費	必須請租賃保證公司保證。帳戶轉帳
2 事前準備	**C 簽約步驟**	4 契約條件
本人資料、身分證明、學生證、合格通知、戶口名簿		確認契約內容、房租、退房條件、支付方式，解約預告方式
5 簽訂契約	1 現場確認	8 完成一半的進度
在文件簽名蓋章。支付契約金	事先透過網路確認。先去看每間中意的房間，再向不動產公司申請	契約

實踐（G）

6 丟垃圾	3 自己煮飯	7 朋友
回收日是固定的，所以每逢回收日都要去垃圾。所謂的整理就是丟垃圾，就是一看就知道東西放在哪裡	想吃美食就只能自己煮或是付錢去吃。磨練廚藝	不要結交酒肉朋友，而是要結交益友
2 洗餐具	**G 實踐**	4 掃除
自己洗自己用過的餐具。沒人會幫忙洗		打掃廁所、浴缸、房間。每天順手打掃一點，就能保持乾淨
5 時間管理	1 洗衣服	8 參拜土地公
沒有人會幫忙提醒起床，也不會有人叫你趕快睡。一切都要自己決定，自己承擔責任	洗完的衣服當然不會自動折好，所以洗好要晾，晾乾折妥	確認在地的土地公，前往參拜

中央（搬家 開始一個人的生活）

F 匯錢給兒子	C 簽約步驟	G 實踐
B 找房子	搬家 開始一個人的生活	D 採買必用品
E 搬家	A 考上大學	H 其他

採買必用品（D）

6 照明	3 寢具	7 小東西
事先準備安裝在天花板的燈以及安裝時會用到的梯子	床、床墊、床罩、寢具、枕頭	時鐘、鬧鐘、清潔劑、保鮮膜、鋁製容器、餐巾紙、衛生紙、腳踏車、曬衣桿
2 家電	**D 採買必用品**	4 書桌、家具
冰箱、洗衣機、微波烤爐、吹風機、電鍋、淨水器、電腦、印表機、電視		書桌、椅子、餐具、架子、書架
5 廚房用具	1 窗簾	8 食材
菜刀、砧板、鍋子、茶壺、餐具、筷子、湯匙	事先確認窗戶的位置、數量和尺寸，有時候可以請不動產公司幫忙測量	鹽、胡椒、酒、水、味醂、砂糖、米、味噌、蔬菜

考上大學（A）

6 服裝	3 入學手續	7 剪髮
西裝、事先送洗或購買。準備皮鞋	在期限之前收到學費。利用銀行轉帳或是透過網路刷卡的方式支付	在入學之前整理儀容
2 合格	**A 考上大學**	4 確認收到的郵件
合格確認。網路確認。郵送物確認		確認大學簡介與學生會的印刷品
5 入學	1 考試	8 起點
確認入學典禮與事前的活動，以安排搬家事宜	努力讀書，維持健康，以備考試	START

其他（H）

6 身分證明	3 搬家業者	7 確認事項
不用遷戶口。利用身分證明取得摩托車駕照	要在三月下旬請到搬家業者比平常困難三倍，而且會特別貴	有無停車場。事前申請以及支付費用。專用貼紙
2 設定配送日期	**H 其他**	4 準備備用鑰匙
三月上旬才申請配送會來不及在下旬收到。星期六、日無法申請		配點波式舌片鎖需要兩周以上的時間所以要注意時間的安排
5 回避風險	1 伴手禮	8 心理
確認被關在門外時的處理流程	替不動產公司、三間鄰接的房間與房東準備伴手禮	強化心理狀態！

B型表格
應用案例②
享受人生與工作

　　這張B型表格應用是於東京都某間科技公司上班的K小姐製作的曼陀羅表格。據說這間公司會透過一般社團法人曼陀羅表格協會的課程，讓員工一般使用曼陀羅表格，定期分享目標。K小姐設定的主題是「享受人生與工作」。她除了將態度、能力與成果分成兩個部分撰寫，還包含了興趣、家庭、健康、體育這類私生活的部分，希望能擁有生活與工作平衡的人生。與同事一起使用曼陀羅表格，能讓彼此擁有相同的目標，也能知道彼此的進度，所有人也能兼顧工作與私生活的平衡。

6	3	7
減少錯漏字	製作回覆內容	讓自己能夠寫出正中紅心的回覆內容
2	**F**	**4**
確認過去是否有類似的情況	提升理解力	確認自己是否正確了解回覆內容
5	**1**	**8**
確認文章的正確寫法	重覆郵件與對方所說的內容	提升理解力

6	3	7
	讓縮圖變得更簡單易懂	增加點閱次數
2	**B**	**4**
確認VYOND的更新	增加YouTube頻道的訂閱者	追求更多點閱次數
5	**1**	**8**
	定期上傳影片	頻道訂閱者增加

6	3	7
	教育	確認力量
2	**E**	**4**
確認手冊是否完備	提升技巧的附表1增至「2」，能夠負責相關事宜	確認理解程度
5	**1**	**8**
	了解每位團隊成員的技術	讓成員的技巧提升成為2

【圖33】B型表格應用案例2：享受人生與工作

提升技巧（C）

6	3	7
	思考可於業務使用的情況	
2	**4**	
實際使用	**C** 提升技巧的附表1增至「3」	參加外部講習，讀書學習
5	**1**	**8**
	利用20%的時間重點學習1、2的項目	反覆確認自己是否真的學會

不要太在意（G）

6	3	7
	閒聊	依賴他人
2	**4**	
調查控制自己的方法	**G** 不要太在意	可以正確回答聽到的事情
5	**1**	**8**
騰出20%的時間學習	改變解釋	

主題：享受人生與工作

F 提升理解力	**C** 提升技巧的附表1增至「3」	**G** 不要太在意
B 增加YouTube頻道的訂閱者	**主題** 享受人生與工作	**D** 成為領導者楷模
E 提升技巧的附表1增至「2」，能夠負責相關事宜	**A** 注意身體健康	**H** 有效利用休假

成為領導者楷模（D）

6	3	7
		冷靜之後再行動
2	**4**	
使用正確的詞彙	**D** 成為領導者楷模	傾聽意見
5	**1**	**8**
	分享資訊	可以有自信地說自己是模範領導者

注意身體健康（A）

6	3	7
	多吃沙拉	
2	**4**	
一天走3000步	**A** 注意身體健康	每天少喝酒
5	**1**	**8**
改善頭痛的問題	每天喝蔬菜汁	保持營養均衡

有效利用休假（H）

6	3	7
	開車遠行	帶著相機出門拍照
2	**4**	
不受社群媒體的影響	**H** 有效利用休假	重視與寵物相處的時間
5	**1**	**8**
去想看的演唱會	去有興趣的地方	

B型表格
應用案例③
未來十年生涯規畫

這張B型表格是由長尾小姐（五十幾歲）製作。她除了幫忙老公的美容院的會計事宜，也在商學院擔任會計、總務、提升工作效率這類講座的講師。這張表格的主題是「未來十年生涯規畫」。由於她是在2019年製作這張表格，所以她將2019年到2028年的生涯規畫分成不同的領域，再將內容寫進這張表格。主題的周圍是「生活基礎」、「終身學習的基礎」、「心靈的基礎」和「社會交流的基礎」，內容不只是工作，也有許多與私生活有關的部分。長尾小姐製作這張表格之後，便能夠充分掌握現階段的自己，內心也變得更輕鬆自在。

6 學習的人	3 終身教育	7 聚會的人
時常互相切磋	參與別人的「希望」	以真實的自己與別人相處
2 商學院	**F 支持他人**	**4 家人**
一起面對職場所需的核心知識與「辛苦」之處		與身邊的人的幸福產生共鳴
5 做生意的人	**1 自家員工**	**8 能接觸到的人**
讓內心與生意都變得豐富	讓員工對工作有所盼望（例如九型人格、致知）	彼此安慰

6 培養成習慣	3 提升動力	7 面對自己
●改變思考模式。讓看待時間的方式 從→變成✍	●混合式領導人自我訓練術（重視自己的察知）	●透過自我認知這類聚會的書、硬筆字的學習認識自己
2 創造人生	**B 終身學習的基礎**	**4 自我評估**
●曼陀羅思考法 ●曼陀羅表格 ●曼陀羅手帳		●混合式領導者 ●腦部優勢診斷（激發腦力，讓生活變得更從容）
5 承擔責任	**1 提供機會**	**8 挑戰**
●在商學院負責會計、總務、提升工作效率這類講座	●更簡單易懂的說明 ●以別人了解內容為優先	時時更新自己

6 感謝	3 問候	7 料理
開朗地感謝別人	常與別人聯絡	一天吃10種蔬菜，均衡攝取營養
2 在意的事情	**E 支持家庭**	**4 用心照顧**
●夫妻互相扶持 ●父母親的健康		互相安慰
5 斷捨離	**1 日常**	**8 紀念日**
不要忘了整理、打掃、整潔、教養	保持空氣清新	以平常心慶祝紀念日

【圖 34】B 型表格應用案例 3：未來十年生涯規畫

C 內心的基礎

6 整頓內心	3 安定	7 良知消費
● 正念呼吸法	● 探索思想、哲學與心理學	● 接觸有機、避靜
2 安心	**C 內心的基礎**	4 心情平緩
● 保持身體健康		● 接觸園藝、享受園藝的色彩與氣蘊
5 減輕壓力	1 內心的依靠	8 創作
● 皮拉提斯、菊池體操	● 透過書法了解事物	● 創作書法作品、參加展覽會 ● 了解植物的生命

G 支持自己

6 曼陀羅思考法	3 成長	7 書法
● 成為合格講師 ● 透過講座充實自己 ● 填寫手帳 ● 與一起學習的夥伴交流	做有用的事，成為有用的人	● 拿作品參加千草會書展、讀賣書法展 ● 每個月提出競賽書法作品、與一起學習的夥伴交流
2 能量來源	**G 支持自己**	4 知識
● 讓別人依賴 ● 拿著毛筆的瞬間		● 了解本質 ● 了解自己的軸心
5 混合型領導者	1 自我形象	8 讀書
● 自我教練術 ● 腦部優勢診斷 ● 與一起學習的夥伴交流	時時自我評估	透過書籍與不同的人「相遇與接受刺激」

主題

F 支持他人	C 內心的基礎	G 支持自己
B 終身學習的基礎	**主題 截至 2028年 的個人方針**	D 社會交流的基礎
E 支持家庭	A 生活的基礎	H 支援環境

D 社會交流的基礎

6 自己的主軸	3 市民古代史聚會	7 同學會
了解自己的國家與地區的歷史，藉此了解自己的軸心	學習《古事記》的同伴	參加國中、高中、大學的同學會
2 青森港俱樂部	**D 社會交流的基礎**	4 出美會
支援八甲田丸周邊青森港維持發展NPO活動（會計監察）		一起學習書法的夥伴
5 地方社群	1 大白時冷杉會	8 大環境社會
透過社會服務打造社群	參加八甲田山東北大學植物園志工活動	透過工作與學習接觸不同的人

A 生活的基礎

6 迅速	3 信賴	7 強化
製作與提出官方文件	管理自家公司的人事	導入POS軟體
2 正確	**A 生活的基礎**	4 擴散
管理自家公司的業績		經營自家公司的社群媒體、免費傳單、櫥窗購物
5 計畫	1 安心	8 前進
訂立事業計畫	管理自家公司的財務	創立新事業

H 支援環境

6 啟蒙	3 未來	7 維護
● 發行免費傳單 ● 主辦講座	向每個人的生存之道提問	參與小型環保活動
2 思想	**H 支援環境**	4 守護
與良知消費有關的經營方式		SDGs關懷生命
5 行動	1 了解	8 協助
● 銷售公平交易商品 ● 參與募捐活動	取得優質資訊	能與大家分享的市場

B型表格
應用案例④
創業成功

這張B型表格是由準備創業的田中先生製作。核心的主題就是「創業成功」。核心主題的周邊為「經營理念、目的」、「每月業績、利益計畫」、「資金計畫」、「行銷（宣傳）」、「人脈計畫」和「每周計畫」，而且還將這些分枝的部分拆解成8個項目。最令人玩味的是F的「每周計畫」。這裡應用了後續介紹的曼陀羅手帳的思維，寫出一周七天要做哪些事情，也在「一年後的自己」寫了許多私領域的自身情況，讓自己不只是工作，還能讓人生的八個領域維持平衡。

6 星期一	3 星期二	7 星期三
①建立部落格 ②準備講座 ③個人招募網路 ④吸收、學習	○舉辦講座 ●人事工作 ●經營者	①製作影片 ②準備講座 ③個人招募網路 ④吸收、學習
2 星期四	**F 每周計畫**	**4 星期五**
○舉辦講座 ●考試、證照 ●教育從業人員		①製作影片 ②準備講座 ③個人招募網路
5 星期六	**1 星期天**	**8 每月活動**
○舉辦講座 ●創業 ●人生	休息	撰寫文章 以完成率25% 為目標

6 以運動員為對象	3 以社會人士為對象	7 以沒有目標的人為對象
講座 @○○元×2天=○○元 團體諮詢服務 @○○元×○會=○○元	講座 @○○元×2天=○○元 個人諮詢服務 @○○元×○人=○○元	講座 @○○元× 2天=○○元
2 以法人為對象	**B 每月業績、利益計畫**	**4 以教育者為對象**
講座 @○○元×2天=○○元 諮詢服務 @○○元×○間=○○元		講座 @○○元×2天=○○元 學校諮詢服務 @○○元×○校=○○元
5 以哥哥、爸爸為對象	**1 創業講座**	**8 合計**
講座 @○○元×1天=○○元 個人諮詢服務 @○○元×○人=○○元	講座 @○○元×1天=○○元 學校諮詢服務 @○○元×○校=○○元	講座 @○○元×1天=○○元 個人、法人諮詢服務 @○○元×○間=○○元

6 個人的人脈	3 同為教練的夥伴	7 跨業種人脈
●稅務師 ●代書 ●不動產 ●同學	同為教練的 人脈	●透過○○聚會 增加跨業種的 人脈
2 原本的生意對象	**E 人脈計畫**	**4 法人會**
●不動產開發界 ●裝潢業界 ●不動產業界		●取得○○ 法人會的人脈
5 業務相關人士	**1 前職場**	**8 今後的人脈**
●稅務師 ●代書 ●不動產	●前同事	每個月至少 參加兩次跨業種 聚會，加深彼此 的交流

【圖 35】B 型表格應用案例 4：創業成功

6 學習費用	3 系統相關	7 交際費用	6 編輯影片	3 部落格	7 自製官網
付費講座 ○○元	製作官網 ○○萬元	建立人脈、交際應酬 ○○萬元	每周上傳兩次編輯	每周發表兩次準備	使用peraichi服務製作活動網頁
2 辦公室相關費用	**C 資金計畫**	**4 固定開支**	**2 Facebook**	**G 系統計畫**	**4 LINE@**
保證金○○萬元 裝潢○○萬元 設備○○萬元 備品○○萬元		房租○○元 停車站○○元 系統○○元 廣告○○元 其他○○元	有用的朋友達5,000名 1年後		透過官網、部落格的LINE建立顧客關係
5 營運資金	**1 資本**	**8 合計**	**5 YouTube**	**1 製作官網**	**8 直播**
○○萬元	自有資本 ○○萬元 借款 ○○萬元	啓動資金 ○○萬元 固定支出 ○○萬元	每周上傳2次準備	與製作公司合作 ○月○日開幕	每月於Facebook直播2次

F 每周計畫	C 資金計畫	G 系統計畫	6 手冊、傳單	3 官網	7 部落格
			於A4紙的正反兩面印出自家事業說明內容	傳遞事業相關資訊	在部落格持續撰寫報紙、電視與事件的感受
B 每月業績、利益計畫	**主題 創業成功**	**D 行銷（宣傳）**	**2 LINE@**	**D 行銷（宣傳）**	**4 YouTube**
			透過Facebook進行一對一的顧客服務		介紹事業資訊、事業經營技巧、自我介紹的方法與思維
E 人脈計畫	**A 經營理念目的**	**H 一年後的自己**	**5 FAX、DM**	**1 Facebook**	**8 綜合行銷**
			接觸員工人數超過30名以上的公司、人事部門	透過Facebook直播，讓觀眾瀏覽官網與社群媒體	讓所有社群媒體宣傳活動聯動

6 以教育者為對象	3 以管理職為對象	7 以哥哥、爸爸為對象	6 擴大事業版圖	3 夥伴	7 經濟方面
讓學生擁有目標的目標以及重視行動	強化自己與部下之間的關係，進行相關的行動與達成相關的目標	讓哥哥、爸爸懂得替小孩進行人生規畫	●創立社群生意，並且步上軌道	●一起休閒的夥伴 ●有助於工作的夥伴 ●值得信賴的夥伴	●得到想要的收入，並且更上一層樓
2 以經營者為對象	**A 經營理念目的**	**4 以員工為對象**	**2 家人**	**H 一年後的自己**	**4 自己**
經營者本身的目標與行動		提升技巧的目標與行動	●富足的生活 ●心靈相通 ●兼顧雙親的照顧		●得到許多人的感謝，建立深厚的信賴關係
5 以人事負責人為對象	**1 以創業者為對象**	**以人生迷惘的人為對象**	**5 媒體知名度**	**1 社會貢獻**	**8 滿足度**
人事相關的目標與行動	陪伴想要創業者一起擬定創業目標與行動	幫助沒有目標的人解決問題與達成目標	接受在地媒體採訪，提高知名度	●讓顧客得到新想法，活得更加出色，藉此回饋社會	●創業之後的社會貢獻與達成自身目標的滿足感

B型表格
應用案例⑤
製作會計手冊

　　製作這張B型表格的是在公司擔任會計的栗田小姐（40幾歲）。這張表格的主題是「製作會計手冊」。製作這份表格的目的在於釐清製作會計手冊需要注意哪些事項。雖然這張B型表格有很多空格，但不需要太過在意。各區塊的空格數不同意味著，自己的思考不夠全面。栗田小姐製作這張表格之後，總算能夠順利地開始製作之前一直無法開始製作的手冊。看來曼陀羅表格讓她理清了思緒，讓她知道該怎麼按部就班完成手冊。

6		3 問別人這樣就懂了嗎？	7
		●如果不行，這份手冊就沒有任何意義	
2 問別人對這份手冊理解多少		4 詢問哪裡需要改善	
●為了讓這份手冊更簡單易懂	**F 製作完成後的確認事項**	●為了讓這份手冊更完善	
5		1 問別人哪些地方很難懂	8
		●詢問別人哪些地方很難懂，以便做出誰都看得懂的手冊	
6		3 成本系統	7
		●小額精算 ●未付憑證、支付憑證 ●業績憑證 ●存款憑證	
2 會計系統		4 其他業務	
●轉帳單 ●支付憑證 ●固定資產	**B 手冊的區分**	●每月業務 ●銀行儲匯業務 ●履行保證 ●存款業務	
5		1 工作的流程	8
		●一天的流程 ●一周的流程 ●一個月的流程 ●一年的流程	
6		3 流程順暢嗎？	7
		●一邊閱讀，一邊確認自己能否想像流程	
2 淺顯易懂嗎？		4 有無疏漏？	
●一下子就看完	**E 確認事項**	●透過手冊確認與執行每天的工作	
5		1 有沒有錯漏字？	8
		●逐字檢視	

90

【圖 36】B 型表格應用案例 5：製作會計手冊

C 該注意的重點

6	3 篩選內容	7
	●不要讓讀的人覺得很煩	
2 簡單易懂的敘述 ●不要使用只有自己才懂的詞彙 ●盡可能讓每個人都能讀懂	**C** 該注意的重點	4
5	**1 寫成適合讀者的內容** ●清晰簡明 ●一讀就懂 ●切身實用	8

G 該如何讓手冊更完善

6	3	7
2 修訂正更新 ●內容太陳舊會無法使用 ●為了持續使用就必須修訂與更新內容	**G** 該如何讓手冊更完善	4
5	**1 舉辦讀書會** ●透過讀書會提升別人對這本手冊的理解程度 ●讓這本手冊更臻完善	8

主題：製作會計手冊（中央）

F 製作完成後的確認事項	C 該注意的重點	G 該如何讓手冊更完善
B 手冊的區分	主題 製作會計手冊	D 手冊的種類
E 確認事項	A 為了什麼目的製作？	H 應用方式

D 手冊的種類

6	3 系統步驟書	7
	●K-chan！系統 ●自家系統	
2 流程表 ●工作流程	**D** 手冊的種類	**4 業務手冊** ●會計業務
5	**1 手冊種類一覽表** ●一眼看出手冊的種類	8

A 為了什麼目的製作？

6 方便交接	3 維持工作品質	7
●方便準備接交的人說明 ●讓準備上任的人因為這本手冊安心	●避免因人而異 ●避免只有一個人知道	
2 讓每個人都了解 ●就算不是負責會計的人，也能輕鬆了解 ●讓工作順利進行	**A** 為了什麼目的製作？	**4 提升效率** ●只要依照手冊執行業務就沒問題 ●可以更從容地處理業務
5 減少失誤 ●能逐步確認每個環節	**1 讓每個人都能執行業務** ●一個人也能完成	8

H 應用方式

6	3 用於交接	7
	●可於負責會計的人事出現任何變動時使用	
2 存取共用的資料夾 ●隨時可以調出資料夾 ●可在自己的桌面瀏覽	**H** 應用方式	**4 試著實踐手冊的內容** ●在負責人不在的時候，請別人試著實踐手冊的內容
5	**1 存放地點** ●顯眼處 ●隨時拿得到 ●別人知道存放處	8

B型表格
應用案例⑥
我能為家人做的事

製作這張B型表格的是在老人之家工作的小林先生（30幾歲）。這張表格的主題是「我能為家人所做的事」。他希望知道自己身為父親或丈夫，到底能為家人做什麼。

主題的周圍是「家事」、「陪小孩玩」、「傾聽」、「企畫活動」和其他平常在做的事情。「回顧」這張表格，似乎能幫助小林先生確認自己是否認真對待自家的家人。從這個例子便可清楚得知，除了工作之外，曼陀羅表格在任何領域都是能派上用場的工具。

6 只在重要日子送老婆與小孩蛋糕	3 存錢	7 讓孩子知道金錢的重要
2 透過家計簿管理收支	F 金錢	4 用在家人會開心的事情
5 只在休假日喝啤酒	1 給家用	8 讓孩子知道，有些東西沒辦法買得到
6 玩捉迷藏	3 搔癢遊戲	7 撲克牌 歌牌 卡牌遊戲
2 扛在肩上到處走	B 陪小孩玩	4 丟球遊戲 足球
5 羽毛球	1 抱著轉圈圈	8 莉卡娃娃家家酒 購物家家酒 妖精家家酒 →要注意小朋友是不是想睡
6 帶小孩參觀職場	3 讓小孩有機會接觸山川大海與森林，多一些接觸大自然的機會	7 讓小孩知道常懷感謝的重要
2 讓小孩知道「己所不欲、勿施於人」	E 學習、社會	4 讓小孩知道導盲磚、會發出聲音的紅綠燈、輪椅專用停車場這些無障礙設施的重要
5 讓孩子知道社會上有發展遲緩與認知障礙的人們	1 讓小孩知道不可以亂丟垃圾，以及愛惜物品的重要	8 讓小孩多接觸不同的興趣，不要限制小孩

【圖37】B型表格應用案例6：我能為家人做的事

6	3	7	6	3	7
除了傾聽家人「開心」與「快樂」的事，也傾聽「憤怒」與「難過」的事	傾聽二女兒在幼兒園做了什麼事情，跟朋友玩了什麼遊戲	傾聽大女兒與二女兒未來的夢想	企畫很多家人團聚的活動	故意裝傻	家人團聚時，玩得跟孩子一樣快樂

2	C 傾聽	4	2	G 營造氣氛	4
傾聽大女兒講在學校做了什麼事情，學會哪些事情		聽大女兒講學小提琴的事情	故意聽錯，然後回話回得很有趣		做鬼臉，逗家人開心

5	1	8	5	1	8
聽大女兒與小女兒游泳的事情	在小孩睡著後，與老婆悠哉地聊天	聽大女兒與小女兒講戀愛的事情（未來的願望）	故意做出很誇張的反應	大叔級冷笑話	總是保持微笑，心情保持平穩

F 金錢	C 傾聽	G 營造氣氛	6	3	7
			讓假日的晚餐變成一種活動	依照季節設計不同的活動	參加學校、幼兒園的活動，以及設計後續的慶功宴

B 陪小孩玩	主題 我能為家人做的事	D 企畫活動	2	D 企畫活動	4
			企畫當天來回的活動		企畫生日活動

E 學習、社會	A 家事	H 付出愛	5	1	8
			設計結婚紀念日的活動	企畫旅行	企畫驚喜

6	3	7	6	3	7
每天幫忙收拾洗好的餐具	假日打掃浴室	保養媽媽與小孩的腳踏車	責備	支持	原諒

2	A 家事	4	2	H 付出愛	4
每天打掃廁所		假日展現廚藝	擔心		共鳴

5	1	8	5	1	8
每天將餐具放到洗碗機清洗	每天用吸塵器打掃	不要對老婆洗衣服的方法有任何意見（因為老婆有自己的洗法與晾法）	認同	信任	託付

B型表格
應用案例⑦
一看就懂的管理原理和法則

製作這張B型表格的是上班族的中野先生。這張表格的主題是「一看就懂的管理原理和法則」。他利用B型表格整理了各種重要的經營心法。他在核心主題的周圍空格填入了「經營的組成因素」、「經營全貌」、「蘭徹斯特法則」、「業務原則」、「利益性原則」、「強者策略」、「弱者策略」和「客戶服務」，而且將所有的空格都填滿了。像這樣整理應該注意的重點以及腦中錯綜複雜的全貌或概念，就能「一眼」看到所有的重點與概念，還能了解各項目之間的相關性，這也是曼陀羅表格最厲害的部分。

6 重裝備	3 立即應戰	7 擴大戰線
充實生產基地、工廠、公司、員工人數、資金調度、活動設施、M&A這類公司的設備。	競爭對手一推出新商品或新服務，就立刻推出類似的商品與服務。	利用批發商、貿易公司有效率地銷售商品與服務。
2 綜合第一名主義	**F 強者策略**	**4 海量戰術**
以綜合第一名為目標。增加商品種類、品牌數量壓倒市場。		目標是大量生產、大量銷售。狙擊規模較大的市場，大量設立門市以及投入大量的人力。
5 廣域戰	**1 強者的策略**	**8 空戰**
以全國、全世界為對象，尤其以大都市為目標。	這是市占率達26%以上的企業才能執行的策略。只有0.5%的公司能執行這種策略。弱者使用這種策略會自取滅亡。	透過電視廣告、報紙廣告、雜誌廣告這類主流媒體宣傳。

6 教育	3 策略	7 資訊
建立教育系統，讓員工能夠了解策略與執行戰術。	打造能早一步合理實現經營目標的制度。	定期蒐集與分析顧客與競爭對手的資訊。
2 目標	**B 經營全貌**	**4 戰術**
經營目標就是在任何領域都成為第一名，所以要量化目標。		重覆執行策略(制度)。具體的行動。
5 制度	**1 目的**	**8 革新**
撰寫讓所有員工都能執行戰術的制度。業務手冊。	經營目的就是增加顧客，創造利潤，以及持續維持這個模式。	透過PDCA循環確認策略與戰術，同時試著改革與創新。

6 介紹	3 有效業務	7 集中
成為第一名的公司，就會有許多人幫忙介紹。	成為在地服務型公司，就能吸引更多在地顧客，公司也會變得更有名，也更容易跑業務。	同地區的業者倒閉或是倒該，大部分的顧客就會流向第一名的公司。
2 時間規畫	**E 利益性原則**	**4 精簡經費**
盡可能增加與顧客面談、接觸的時間，所以要盡可能減少移動時間與處理公司內部業務的時間。		讓顧客集中在特定區域，就能減省移動時間、配送費用、收費時間與售後服務時間。
5 排除競爭對手	**1 在地服務**	**8 成為第一名**
讓自己壯大，就能擋住同業者入侵市場，也能讓同業業者撤退。	針對特定地區，提供在地服務，才能盡早回應顧客。與顧客頻繁接觸，就會成為顧客心目中的首選。	讓利潤增加至市占率的平方。要提升利潤就得成為市占率第一的公司。

【圖 37】B 型表格應用案例 7：一看就懂的管理原理和法則

6 市占率26.1%	3 第一法則	7 市占率41.7%
成為強者的條件就是先達到這個市占率。這與掌握30%的市場是一樣的意思。	一夫當關的法則 攻擊力=兵力×武器性能	其次是以這個數字為目標。市占率41.7%等於佔有50%的市場
2 蘭徹斯特法則	**C 蘭徹斯特法則**	**4 第二法則**
受到第一次世界大戰的刺激，描述雙方兵力的變化過程。於1914年發表的法則		間隔戰的法則 攻擊力=兵力平方×武器性能
5 強者與弱者的策略	**1 蘭徹斯特**	**8 市占率73.9%**
強者與弱者的策略不同，用錯策略就會失敗。	弗雷德里克蘭徹斯特 1969年10月28日 英國技術人員	最終的市占率。市占率73.9%等於實質拿下100%的市場。

6 輕裝備	3 差異化	7 一夫當關
盡可能不要在自家公司的設備花錢	製造與其他公司不同的商品或服務，透過附加價值形成差異。釐清自家公司的強項。	盡可能貼近終端使用者，進行一對一的銷售。
2 部分第一名主義	**G 弱者策略**	**4 孤注一擲**
不奢望在所有領域拿到第一名，而是在專業領域拿到第一名。換言之，就是強化商品。		找出最想銷售的商品或服務，找出特定地區與特定的顧客再銷售。
5 局部地區	**1 弱者的策略**	**8 肉搏戰**
限定在居部地區銷售商品或服務。找出自家的商品或服務能成為第一名的地區。	這是無法使用強者的策略所使用的策略。約有99.5%的公司會使用這種策略。	不能依賴太花錢的宣傳媒體。只能針對特定地區發送DM、經營口碑與面談，藉此提高知名度。

中央區塊（經營全貌）：

F 強者策略	C 蘭徹斯特法則	G 弱者策略
B 經營全貌	**蘭徹斯特法則 一看就懂的管理原理和法則**	**D 業務原則**
E 利益性原則	**A 經營的組成因素**	**H 客戶服務**

6 接近	3 接觸	7 簽約與售後服務
營造能安心簽約的氛圍，讓顧客放心與信任。	與有決策權的人見面。目的是贏得公司與個人的信賴。建立人際關係。	在簽約時取悅對方。建立完整的售後服務系統。成交之後，才是生意的開始。
2 機會	**D 業務原則**	**4 傾聽**
確定找到顧客的方法(官網、展覽、傳單、活動、介紹)，製作潛在顧客名單。		找出顧客真正的問題。為了解決問題蒐集資訊。也蒐集個人資訊。
5 簡報	**1 營業制度**	**8 介紹**
解決顧客的問題，傳遞公司的價值，宣傳專業性。	建立拓展資源的制度。替每個步驟製作具體的手冊。	請別人幫忙介紹。準備方便介紹的工具。別人幫忙介紹就算工作完成了。

6 組織對策	3 業界、客群對策	7 資金對策
建立有效能的組織，思考人力的安排。銷售7分：商品3分。	打造市占率第一的客群。釐清目標客群。	提升自有資本比率。持續投資設備，降低成本。
2 地區對策	**A 經營的組成因素**	**4 業務對策**
打造市占率第一的地區。決定最重要的地區以及最大銷售範圍。		打造業務機制。釐清開拓新顧客的每個步驟，準備每個步驟需要的工具。
5 顧客維持對策	**1 商品對策**	**8 時間對策**
打造能留住顧客的機制，以及顧客願意幫忙介紹的機制。讓顧客成為支持者。	打造市占率第一名的商品。找出重點商品與集中資源。	社長的實力=工作時間的平方×品質。增加工作時間與提升品質。

6 喜歡、中意、開心	3 顧客觀點	7 表達感謝
讓所有員工思考該怎麼做，才能讓客人喜歡、中意且開心。	把商品賣給顧客是自家公司的觀點。顧客想要買下商品是顧客的觀點。要時時從顧客的觀點思考。	具體感謝顧客。比方說，寄送感謝信明片、FAX、電話，每次都要記得感謝。
2 經營的目的	**H 客戶服務**	**4 客戶服務**
經營的目的不是提升業績，而是盡可能增加顧客。		為了得到顧客的青睞，要重視與顧客直接接觸的機會。所有員工都要思考客戶服務，並在這個領域拿下第一名。
5 不造成不便	**1 購買的決定權**	**8 不可忘記的事情**
為了讓顧客開心，要時時檢討自己，是否造成顧客不便或是麻煩。	買與不買，100%的權力都握在顧客手上。我們該思考的是怎麼讓顧客買下商品。	定期拜訪顧客或是取得聯繫，也可以寄明信片或是打電話。

B型表格
應用案例⑧
自創商品熱銷 8步驟

　　這張Ｂ型表格是由經營顧問公司的日小田先生（五十幾歲）製作。表格的主題是「自創的商品熱銷8步驟」。他覺得業務員在進行推銷的角色扮演時，垂直型的推銷流程總是不順利，所以想試用曼陀羅表格，這也成為他製作這張表格的原因。他在核心主題的周圍配置了「準備」、「破題」、「推敲」、「破冰」、「掌握」、「個別提案」、「克服反對意見」和「成交」這8個推銷流程。這麼做除了能更快了解每個步驟，也比較容易設計每個步驟的話術。

6 價格	3 個別優勢	7 個別交貨日期
將三個報價帶入自家公司的比較	與競爭商品、現有商品比較，突顯優點、新穎的部分與原創的部分	交貨日期、交貨單位、交貨場所
2 個別專長	**F 個別提案**	**4 個別利益**
為了你而設計的規格、效能、性能、價格、單位		顧客能得到的經濟利益
5 個別證據	**1 解決問題的方案**	**8 試著成交**
能量化顧客心聲的證據	準備提案文件的說明方式	提出真正的原因，試著讓顧客察覺問題

6 提出來意	3 信賴與認同	7 拒絕見面
為何而來為什麼要來要怎麼解決問題	相似性法則觀察抽象的部分	反射性拒絕只想用習慣的東西拒絕新東西轉移成本
2 第二印象	**B 破題**	**4 自我介紹**
用字遣詞文字回應速度		想幫忙的心情座右銘個人簡介
5 介紹公司	**1 第一印象**	**8 了解整體與部分**
創業過程、經營理念、公司文化、堅持、穩定、信賴	麥拉賓法則名片盒業務員的儀容	建立整體的流程

6 幫上忙的地方	3 一般實例	7 缺點
一般比較競爭對手比較公司比較	解決實例成功實例失敗實例	客觀看待自己了解強項、弱項目標與現狀
2 潛在問題	**E 掌握**	**4 預設商品**
預設顧客會說「不」的問題		專長(Feature)、優勢(Advantage)、利益(Benefit)、證據(Evidence)
5 預設商品	**1 檯面上的問題**	**8 試著成交**
一般比較競爭對手比較公司比較	確認顧客說「不」的問題	建立幫助顧客的心態

【圖38】B型表格應用案例8：自創商品熱銷8步驟

C 推敲

6 確認競爭對手	3 問題的種類	7 確認關鍵人物
交易對象、過程沒有的話該怎麼辦 排除對策	開放、封閉、選擇、下切法、上堆法、切片法、立場互換法	蒐集資訊者 決策者 支付者
2 傾聽動機	**C 推敲**	**4 提問的6個步驟**
不便、不安、不信、不経済、不合理、不利益		理想、現狀、滿足度、課題、解決後的樣貌、解決要素
5 釐清動機	**1 傾聽**	**8 達成共識**
理想的模樣 現狀 解決方案 行程	用眼睛觀察 用心傾聽 傾聽想法 傾聽事實	情緒上的共鳴 經濟上的共識 邏輯上的共識

G 克服反對意見

6 習慣	3 個人	7 妥協處
以公司的角度 以交易團隊的角度 以負責人的角度	想幫上忙的心情 人性 遵守約定	轉移成本 妥協的部分
2 公司	**G 克服反對意見**	**4 價格**
評判 信賴力 体制		希望價格 實際價格 削價競爭的價格
5 提案內容	**1 面對反對的方法**	**8 試著成交**
商品力 售後服務 附加價值	找出顧客拒絕的真實原因	如果沒有現在的交易對象，該克服的事情與轉移成本

中央主題

F 個別提案	C 推敲	G 克服反對意見
B 破題	**主題 自創商品熱銷8步驟**	**D 破冰**
E 掌握	**A 準備**	**H 成交**

D 破冰

6 真正的煩惱	3 共鳴	7 多說Yes
其實… 個人的想法 公司的想法 妥協處	笑容 看著對方的眼睛 訊息	不斷贏得信賴 回應 重述事實 重新檢視情緒
2 觀察	**D 破冰**	**4 個人的事情**
認知不協調 優點 抽象的部分		氣候、動物、新聞 旅行、電視節目、家庭、健康、政治、社會、工作、食衣住的話題
5 工作的事情	**1 加深緣分**	**8 縮短距離**
業界的話題 業績的話題 組織(人)的話題	從客套話到真心話 只在這裡談的事情 只跟你說的事情	以公司名稱稱呼 以個人的名字稱呼 以暱稱稱呼

A 準備

6 目標	3 現況分析	7 計畫
最高目標 中間目標 最低目標	客觀看待自己 了解強項與弱項 目標與現況	C：回顧 A：修正與執行 P：計畫 D：實踐
2 推銷的8個步驟	**A 準備**	**4 強調**
準備、破題、推敲、個別提案、克服反對意見、成交		再次宣傳 顧客喜歡 的部分
5 商品	**1 營業理念**	**8 單兵作戰會議**
嘗試、回購、主力商品、長期使用	營業理念 營業目的 營業目標	客觀看待自己 了解強項與弱項 目標與現況

H 成交

6 回顧專長	3 提出實例	7 稀有、特別
再次 宣傳專長	提出自己與其他顧客的例子、使用者的例子、雜誌介紹的例子	讓顧客感受限量、獨特的魅力
2 指出結果	**H 成交**	**4 強調**
讓顧客知道購買商品之後的優點		再次宣傳 顧客喜歡 的部分
5 回歸原點	**1 比較**	**8 關係**
回到最初的目的，請顧客再次確認需求	將商品減至2至3種	讓顧客知道彼此的緣分與牽絆

曼陀羅表格誕生的背景

在此要為大家介紹曼陀羅表格這項超厲害的工具是怎麼誕生的。曼陀羅表格是1979年，Clover幸運草管理研究所創辦人松村寧雄發明的工具。

聽說松村先生小時候曾被爺爺帶到寺廟，但是當時對於佛教沒什麼興趣，但慢慢地對於佛教充滿「智慧」的一面所吸引。

成為獨立經營顧客的松村先生思考，該怎麼之前學到的佛教智慧，以及蘊藏在這些智慧之中的想法應用在商業之後，便想到讓密教的教義視覺化的「曼陀羅圖」。

當他將3×3九宮格的曼陀羅圖設計成思考框架之後，便相信這項工具能幫助我們解決各種問題與達成目標，所以接著開發了A型表格與B型表格，也開始推廣曼陀羅表格。

一開始，曼陀羅表格只是用來幫助經營者、公司幹部擬定經營計畫、事業計畫的工具，但慢慢地越來越多人知道這項工具的厲害之處，也知道除了商業之外，這項工具也能於私生活應用，最後變成高中時代的大谷翔平選手用來實現目標的工具。

本書的監修者松村剛志正以Clover幸運草管理研究所董事長的身分，提供應用曼陀羅表格、曼陀羅思考法、曼陀羅手帳的諮詢服務，許多曼陀羅表格合格講師也為許多人的人生與事業盡一己之力。

想要知道更多！
深不可測的曼陀羅世界

正因為曼陀羅表格蘊藏了曼陀羅的思想，所以曼陀羅表格才與
其他的思想框架如此不同。這一章要帶大家進一步了解曼陀羅
表格的起點，也就是曼陀羅的相關知識。

曼陀羅是闡釋人心的圖

　　在我們帶大家了解曼陀羅表格的具體寫法之後，你對曼陀羅有多少了解了呢？如果不是對佛教有興趣的人，就算看過曼陀羅，也不太知道曼陀羅的意思吧？

　　為什麼曼陀羅表格這張3×3九宮格的圖可以幫助我們達成目標與解決課題呢？就讓我們一起了解曼陀羅，解開這個謎團吧。

　　曼陀是闡釋人心的圖。說得更具體一點，曼陀羅告訴我們「我們的內心是由彼此互相影響所形成」。

　　接著為大家依序說明。

　　假設眼前有一位男性，在妻子的眼中，他是一位「可靠的丈夫」，在母親眼中，他是「可愛的兒子」，或許從上司的角度來看，他是一位「常犯錯的部下」，但從同事來看，或許他只是一位「同事」而已。由此可知，這世上的每個人的「樣貌」都會隨著與他人之間的關係而改變。

　　除了人類之外，這世上的每樣「東西」也有相同的情況。對我們來說，每天使用的筷子是「吃飯一定會用到的道具」，但是對於部分的外國人說來，筷子不過是「再平凡不過的小木棒」，如果把用來吃飯的筷子拿去刺別人，筷子就會立刻變成「凶器」。

　　由此可知，不管是人還是物品，都無法以固定的觀點看待，這

就是「人與物品都會與其他人或是其他的物品產生不同的關係，樣貌也會跟著改變」的法則。

　　與上述這位男性有關的印象只存在於旁人與男性之間的關係，換言之，本來不具實體的人或物只是在與他人（客體）的關係之中，扮演了「某種角色」而已。

　　這世上所有的人與物本來就不具有任何實體，只於與他人（客體）的關係之中存在的概念稱為「相互依存法則」，而佛教將這種世間萬物都不具實體的現象稱為「空」。

　　曼陀羅則是一種在上述的相互依存法則之中，幫助我們看待客體的手段。曼陀羅表格的重心之所以是「相關性」，是因為曼陀羅表格正是觀察在相互依存法則之下的客體會產生哪些變化的結構。

　　此外，曼陀羅還有一個非得誕生的理由。那就是闡明「內心的結構與機能」。

　　一如圖39所示，我們的內心就像是年輪蛋糕一樣，是由四層八個心所組成。最外面的第一層為「感覺器官」。

　　所謂的感覺器官與我們的五感一樣，分成五個心。第一個心是「視覺」，第二個心是「聽覺」，第三個心是「嗅覺」，第四個心是「味覺」，第五個心是「觸覺」。

　　這五個心會將來自外界的資訊傳入位於內心第二層的第六個心，也就是所謂的「意識」。這裡說的意識是在感覺器官送來資訊之後，解讀資訊的心，又稱「顯意識」。比方說，當我們覺得「這道湯好好喝喔」或是「那台車好酷」，純粹都是在感覺器官接受資

訊之後，我們的意識對這些資訊做出的解讀。接著，意識會把這些解讀結果傳至內心的第三層。

內心第三層的第七個心是「情緒」。所謂的情緒又稱為「潛意識」，這部分會判斷意識送過來的解讀結果是「喜歡還是厭惡的情緒」。比方說，當你覺得「那台車的確很酷，但好像很貴，我絕對買不起，開這種車的人真讓人不爽啊」，就是第七個心的「情緒」做出如此的解讀。

最後，也是位於深處的是第八個心，也就是「儲藏的心」。第八個心會記錄從出生到現在的所有行動、說過的話與發生過的事件，換言之，這裡就是記憶的儲藏室。此外，我們的父母親、祖父母以及祖先的行為也都會存在這裡。換句話說，儲藏的心就是產生七個心的認知（表象）的泉源。

在了解內心的結構與機能之後，你覺得我們的行動最受內心的哪個部分影響呢？

許多人都覺得，第六個心的意識（顯意識）就是所謂的理性控制了我們的情緒，因為人類不是動物，是能理性控制自己的生物，所以就算偶爾會被情緒沖昏了頭，通常還是由「意識」控制內心，不過，事實並非如此，因為真正主導內心的是第七個心，也就是所謂「情緒（潛意識）」。

假設你曾經被狗咬過，當時感受到的恐懼會轉換成可怕的記憶，深植於儲藏的心。等到你又遇到狗，就算這隻狗看起來很可愛，也絕對不會咬你，但內心的情緒還是會讓你反射性地害怕眼前的狗。換言之，情緒會從儲藏的心調出過去的記憶，然後對意識下達「快感到害怕」的命令，聽起來情緒就像是發號施令的司令塔對

【圖 39】內水的結構分成四層和八心

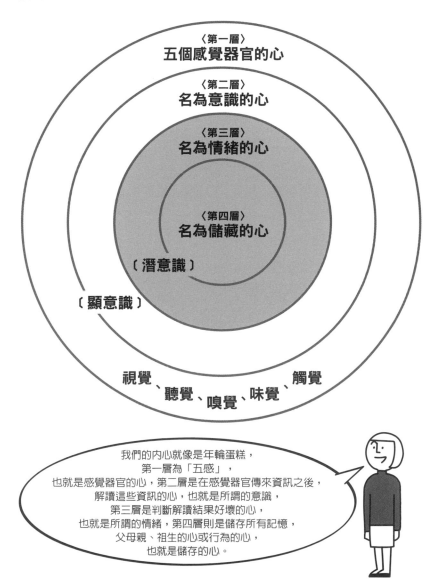

〈第一層〉
五個感覺器官的心

〈第二層〉
名為意識的心

〈第三層〉
名為情緒的心

〈第四層〉
名為儲藏的心

〔潛意識〕

〔顯意識〕

視覺、**聽覺**、**嗅覺**、**味覺**、**觸覺**

我們的內心就像是年輪蛋糕，
第一層為「五感」，
也就是感覺器官的心，第二層是在感覺器官傳來資訊之後，
解讀這些資訊的心，也就是所謂的意識，
第三層是判斷解讀結果好壞的心，
也就是所謂的情緒，第四層則是儲存所有記憶，
父母親、祖生的心或行為的心，
也就是儲存的心。

吧。

　或許有少部分的人在聽到「我們的內心由情緒支配」這種言論會說「我不是那種被情緒支配的人」。的確，情緒不會常常失控，通常都是很平穩低調的。

　不過，若是發生什麼問題，我們看待事物的方式就會流於情緒，做出不合常理的判斷。請大家回顧一下自己的人生。我們平常好像很理性，但是在發生問題、遇到麻煩或是與別人有些衝突時，那道名為理性的濾鏡就會突然變得霧霧的，我們也會受到起伏劇烈的情緒支配，無法看清事物的本質。應該有不少人都曾經有過類似的經驗吧？

　在情緒之前，理性就是如此地無力。

　綜上所述，曼陀羅這種圖案讓我們知道「我們的內心（尤其是情緒）創造了世界」的這個真理。

曼陀羅連結大腦和內心

接下來讓我再稍微介紹一下曼陀羅。

前一節介紹了曼陀羅誕生的理由。

第一個理由是這世上的任何人與物都沒有實體，「樣貌」會隨著與他人（客體）的關係而改變，而曼陀羅就是了解這種相互依存法則的圖。

第二個理由是，我們的內心是由第七個心的「情緒（潛意識）」主導，而情緒會與儲存過去所有記憶的「儲存的心」連結，然後控制第六個心的「意識（顯意識）」與「感覺器官」，而曼陀羅則是讓我們了解這個過程的圖。

換言之，曼陀羅讓我們透過影像了解人類內心的「特性」，而這個特性就是「不具任何實體的萬物的樣貌會隨著與他人（客體）之間的關係而改變」以及在名為情緒的心掌握主導權的狀態下，我們人類是透過「情緒這個濾鏡看待這個世界，以及自己打造自己的世界」。前面也提過，佛教將這種「這世上萬物不具實體」的現象稱為「空」。

接著讓我繼續說明「自己打造自己的世界」是什麼意思。假設你走在森林裡面，看到一條看起來像是蛇的細長物品掉在前方的地面。此時若是產生「那是蛇，好可怕」的恐懼，你的內心就會將這

個細長物品辨識為「蛇」，但是當你走進一看就會發現，那只是看起來像蛇的「繩子」。如果再進一步觀察，就會發現這條繩子是由無數的「稻草」編成。

這就是「你的內心創造了世界」的例子，佛教將這種人類內心的特性稱為「唯識」，也就是「一切都源自意識」的意思。

剛剛這個蛇、繩子、稻草的比喻在佛教是非常著名的比喻。於佛滅之後的第三個世代出現的弟子世親則以「人類眼中的河流，在魚的眼中是道路與家」的比喻解釋「唯識」。就算身處相同的世界，不同的人對於這個世界的看法都不同，所以「我們是自己創造自己的世界」。

由於曼陀羅的結構如此，所以才能傳遞非常有意義的訊息。

第一個訊息是，這世上的人與物沒有任何實體，人與物的樣貌會隨著與他人的關係而改變，所以「當我們改變內心的狀態或是看待世界的方法，就會得到不同的結果」。簡單來說，我們的內心是由第七個心的情緒所控制，而情緒與儲藏的心會一起影響意識。由於「內心的狀態」會隨著情緒改變，所以只要斬斷情緒與儲藏的心的連接，就能取回內心的主導權。這也是曼陀羅告訴我們的第二個訊息。

請大家回想上一節提到，害怕被狗咬的例子。當你曾經被狗咬，那分恐懼的記憶就會存入儲藏的心。這個儲藏的心會與第七個心的情緒聯手，卻不會與意識聯手。

所以情緒（潛意識）會跳過第六個心的意識（顯意識），直接將「被狗咬的恐懼」傳遞給第一到第五的心，也就是感覺器官。

因此當你遇見另一隻狗，哪怕那隻狗看起來一點都不可怕，你

【圖 40】內心的結構與大腦的機能連動！

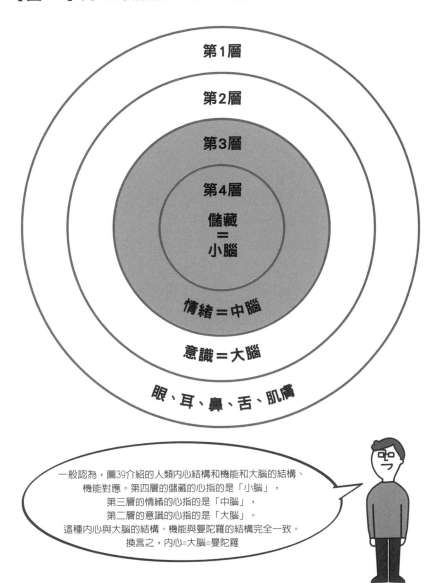

一般認為，圖39介紹的人類內心結構和機能和大腦的結構、
機能對應。第四層的儲藏的心指的是「小腦」，
第三層的情緒的心指的是「中腦」，
第二層的意識的心指的是「大腦」。
這種內心與大腦的結構、機能與曼陀羅的結構完全一致。
換言之，內心=大腦=曼陀羅

也會手心冒汗，心跳加速，產生各種反映恐懼的生理反應。

如果我們能夠反過來以意識恐制情緒，就不會發生上述這些現象。就算儲藏的心儲存了恐怖的記憶，只要意識下達「不用怕，那隻狗不會咬你」的命令，你的身體就不會出現那些反映恐懼的生理反應。

只不過現實並非如此。就算你知道「不用害怕那隻狗」，還是會不自覺地因為害怕而產生各種反應。我們的心就是如此，因為情緒握有心的主導權。

綜上所述，曼陀羅是能幫助我們切換情緒與儲藏的心的連結，讓我們取回內心主導權的工具，這也是曼陀羅表格之所以蘊藏著「不可思議之力」的原因。

曼陀羅是距今1200多年前，佛教開宗祖師佛陀的第四代密教弟子發明的圖案。由於是根據上述的內心結構所發明的圖案，所以才蘊藏著帶領現代人的力量，幫助我們正確地思考與做出正確的行動。

前面提到，曼陀羅是能說明人類內心的結構與機能的圖，而現代科學也找到許多足以證明心與大腦本是同一物的證據。換言之，曼陀羅與我們的大腦擁有相同的結構。

美國腦科學家保羅・麥克萊恩（Paul Donald MacLean）於1968年發表的研究結果指出，人類的大腦是由爬蟲類的反射腦、哺乳類的動物腦，以及新哺乳類的動物腦所組成，換言之，這三個屬於人類理性的腦維持平衡時，人類的大腦才得以形成。

意思是爬蟲類的大腦（鱷魚的大腦）相當於我們的小腦，哺乳類的大腦（豬的大腦）相當於我們的中腦，人類（新哺乳類）的大腦則相當於我們的大腦。小腦是與中樞神經、自律神經連結，主掌

本能的部分，中腦又稱為大腦邊緣系統，掌管的是情緒與記憶的部分，至於大腦的部分又稱為大腦新皮質，是主掌感覺器官與理性的部分。

　　想必大家已經發現，麥克萊恩博士提出的大腦結構與機能，與曼陀羅指出的內心結構與機能十分相似對吧。意思是，第六個心的意識相當於大腦之中的理性腦，也就是大腦的部分，第七個心的情緒相當於大腦之中的情緒腦，也就是中腦的部分，至於第八個心的儲藏的心則相當於大腦之中的反射腦，也就是小腦的部分。

　　綜上所述，曼陀羅除了可闡明我們的大腦與內心的結構、機能，還是能幫助我們達成目標與解決問題，為我們指出康莊大道的工具。

互相影響的思維幫助
我們邁向成功

　　我們的行動都遵循基本原則，而基本原則分成三種類型，分別是「他者依存」、「自我依存」和「相互依存」。在作為曼陀羅表格基礎的曼陀羅思考法之中，或說是在曼陀羅思法的源頭，也就是佛教的智慧之中，了解與實踐相互依存法則是讓人生過得更豐富的關鍵。不過，這世上大部分的人都不了解相互依存法則，都是活在「他者依存」或「自我依存」的狀態之下，所以接下來要透過某個例子說明這三個行動原則的差異。

　　A先生、B小姐、C先生是從同一所大學畢業的年輕人，也於相同的公司上班。這三個人除了擁有相同的學力、體力與意志力，也擁有相同的基本技能，都足以勝任上班族的工作。三個人都被分派到同一個業務部，接受相同的研修課程之後，盡管負責的區域不同，卻都是負責跑業務的工作。不過，這三位年輕人的行動原則都完全不同。

　　A先生的行動原則為「他者依存」。下列是A先生的思考邏輯。

　　「忠實地完成上司的指示與命令，不管業績目標如何，只要能確實達成，應該就能得到青睞。這正是自己存在的價值，也是身為上班族該有的職業道德」

　　另一方面，B小姐的行動原則是「自我依存」。下列是她的想

【圖 41】比一比！誰是人生勝利組？

A先生

我有信心能完成上司的要求，
也覺得做好上班族該做的事
就能受到青睞喲

他者依存

B小姐

無法達成目標的話，
也不會討厭多做上司沒要求的
事情。只要能達成目標，
所有能利用的東西都會利用。

自我依存

C先生

人生總有一些想達成卻
達不成的事情。所以我覺得，
要達成目標就得將重點
放在與顧客或是
別人之間的關係。

相互依存

你覺得在這三個人之中，
最有機會成功的是誰呢？

法。

「光是完成上司交付的工作無法達成目標，所以我覺得不一定得完成上司交付的工作。我自己會思考該做什麼事情才能達成目標，為此，我會不擇手段，有時候甚至不會管上司說什麼。」

至於C先生則是「相互依存」的類型。

「我也想像前面兩位那樣達成目標，但我覺得為了讀書與工作有著本質上的差異，因為工作通常會牽扯到別人，而且也沒有正確解答。就算想要努力達成目標，我也無法改變別人的想法，而且有時候就是會遇到無計可施的情況。所以要想達成目標，反而要重視與別人之間的關係。」

在聽完這三位年輕人的想法之後，你有什麼想法？你自己比較接近哪位年輕人呢？這三位年輕人在一年之後，又會產生什麼變化呢？其實A、B、C這三位年輕人在一年之後，產生了明顯的差距。

「他者依存」的A先生只是被動地接受命令與採取行動，忠實地完成上司的指示與命令。雖然工作態度很認真，但是在一年之後，上司只給他「還過得去」的評價，業績也只是差強人意，A先生也對自己的現狀感到不滿。只懂得被動地接受他人的要求就無法超越別人，無法跳出「只懂得滿足他人要求」的框框。

反觀「自我依存」的B小姐則一如預告，以「為了達成目標不擇手段」的心態工作。或許是因為這樣，B小姐的確在職場嶄露頭角，業績也躋身前段班，但是她那眼中只有目標的態度卻讓她與上司、身邊的人起衝突，久而久之，她也被身邊的人排擠，這種獨來獨往的態度甚至還與顧客鬧出糾紛。如今的她在公司成為孤鳥一

隻，沒有人站在她這邊。為了達成目標而獻上一切的Ｂ小姐可說是身心燃燒殆盡，也覺得「我明明這麼努力，為什麼別人不懂得欣賞我的價值！可惡，那些人開什麼玩笑啊！」而越想越氣。

　　然而Ｃ先生卻像是前兩位的對照組一樣，於公於私都很順利。Ｃ先生也一如預期，在工作的時候將「焦點放在與他人的關係」。「每位顧客都有自己的個性，沒有絕對正確的答案，所以只要我改變自己的態度，對方也會跟著改變態度，如果配合對方，對方也會跟著配合我。只要試著與對方維持良好的關係，而不是一直提出主張，漸漸地就會知道什麼才是正確答案」，這就是Ｃ先生面對工作的態度。由於他十分重視與顧客之間的關係，所以雖然起步得比較晚，卻慢慢地贏得顧客的信賴，業績也越來越穩定。過了一年左右，Ｃ先生在公司內外建立了良好的人際關係，也深受上司與前輩的青睞與信任，最終也成功締造了比Ａ先生、Ｂ小姐更高的業績。

　　結論就是，能力相仿的三位年輕人在一年後出現了明顯的差距。原因無他，在於他們的行動原理不同。

　　他者依存的Ａ先生以「他人」作為行動原理，對他來說，忠實地完成別人交辦的事情就是所謂的正義，也覺得只要做得到這點，就沒問題，所以他的「目標」反而是聽從指示與完成命令，不再是提升業績。一旦採取這種他者依存的思維，往往就只能在別人決定的框架之中努力。

　　至於自我依存的Ｂ小姐則與Ａ先生恰恰相反。她不在乎別人的指示或命令，也不在意上司、前輩、顧客或是別人的想法，眼中只有自己的目標，結果就是失去與別人之間的牽絆與信賴。

　　在三位年輕人之中，最成功的就是Ｃ先生。Ｃ先生將焦點放在與

他人（客體）維持良好關係這件事，所以盡管一開始業績上不來，但最終卻因為奠定了良好的人際關係，達成出類拔萃的業績。

　　這種相互依存法則，也就是「重視與別人的關係，與別人一起成功的想法」，除了能讓我們在工作上成功，更可帶領我們走上富足的人生。各位讀者要不要試看看「相互依存法則」呢？

【圖 42】比一比！相互依存和他者依存

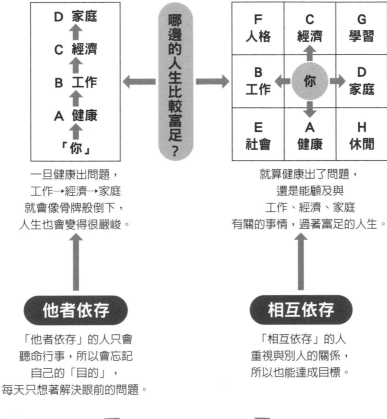

D 家庭		F 人格	C 經濟	G 學習
↑		
C 經濟		B 工作	你	D 家庭
↑		
B 工作		E 社會	A 健康	H 休閒
↑		
A 健康		
↑		
「你」		

哪邊的人生比較富足？

一旦健康出問題，
工作→經濟→家庭
就會像骨牌般倒下，
人生也會變得很嚴峻。

就算健康出了問題，
還是能顧及與
工作、經濟、家庭
有關的事情，過著富足的人生。

他者依存

「他者依存」的人只會
聽命行事，所以會忘記
自己的「目的」，
每天只想著解決眼前的問題。

相互依存

「相互依存」的人
重視與別人的關係，
所以也能達成目標。

你

3×3九宮格蘊藏的力量

　　僅用兩張圖就能說明宇宙原理的「曼陀羅圖」可說是集佛教智慧之大成。而應用這種智慧進行思考、發想、整理資訊與管理行程的工具就是「曼陀羅表格」。曼陀羅表格最明顯的特徵就是3×3九宮格的矩陣結構。這種結構蘊藏著超乎想像的力量。

　　這種3×3九宮格的表格除了能幫助我們達成目標、解決問題，還能幫助我們管理行程，這部分也會在第四章的時候介紹，但其實還能為我們帶來創意與靈感。

　　接下來就為大家介紹曼陀羅表格的矩陣構造為什麼能激發我們的靈感。

　　我已經聽過很多人跟我說「使用曼陀羅表格之後，常常得到靈感」這件事。原本不知一直碰壁，不知道下一步該怎麼辦的人告訴我，在使用曼陀羅表格整理問題之後，大腦就突然浮現答案。

　　話說回來，為什麼曼陀羅表格能激發靈感呢？

　　讓我們試著思考在填寫曼陀羅表格的前後，大腦的狀態有什麼不一樣吧。在填寫曼陀羅表格之前，我們的大腦之中，有許多不規則、亂七八糟的創意，可是當我們將這些創意填入曼陀羅表格，原本混沌不明的狀態就突然撥雲見日，創意也變得既具體又鮮明。

　　而且在填寫曼陀羅表格之前，我們通常無法從不同的角度觀察

目標與創意。若問這是為什麼，是因為我們雖然想到了很多目標或是創意，卻只能一次處理一個目標或創意，無法看到「全貌」，也無法釐清「整體與局部的相關性」，所以只能「漫無目的」地單獨思考每個問題或創意。

　　可是當我們將「主題」寫在3×3九宮格的中心，再將相關的元素寫在周邊，那些雜沓的資訊就會變得井然有序，我們也能發現核心主題與周遭因素之間的「相關性」，一眼看出哪些因素彼此相關，哪些因素又彼此影響，而且還能牢牢記住這些相關性。

　　當我們回顧填好的曼陀羅表格之後，核心與周邊的相關性，以及周邊與核心的相關性就會變得鮮明，我們也就能「同時」從「不同的方向」思考。

　　有些人或許會覺得同時從不同方向思考很困難，但其實人類的大腦本來就能從不同的方向思考。說得更正確一點，曼陀羅表格可說是首個符合人類大腦特性的方法。換句話說，當你透過曼陀羅表格呈現思維，思維才會「以應有的狀態呈現」。

　　此外，使用曼陀羅表格之後，想法就不會無止盡地隨意擴散，會收斂於3×3九宮格的框架之中，如此一來就能掌握整體與局部的相關性，還能從不同的方向思考，更可以做出結論，也就能知道「具體來說，下一步該怎麼走？」的答案，進而幫助自己踏出第一步。

　　正因為曼陀羅表格與大腦的結構吻合，能讓我們自然而然地從不同的方向思考，所以才能讓我們察覺之前沒有察覺的部分，為我們帶來「靈感」。

　　除了上述的理由之外，曼陀羅表格能為我們帶來靈感的理由

還有一個。大家可曾聽過serendipity這個單字？這個單字通常譯為「意外發現」或是「意料之外的幸運」，或是得到這類幸運的能力。

最能說明這類幸運的例子之一就是阿基米德在泡澡的時候，偶然從溢出的熱水得知分辨王冠是否摻有雜物的「阿基米德原理」，或是牛頓在看到從樹上掉下來的蘋果之後，把這件事解釋成蘋果被地球拉下來，進而發現萬有引力的例子。

換言之，所謂的serendipity就是你一直尋找的靈感突然出現，帶給你成功或幸運的意思。盡管結果有所差異，但應該有不少人都曾經有過類似的體驗。

要說的話，由內而外的是「靈感」，由外而內的是「serendipity」。

曼陀羅表格也能喚來這種serendipity。為什麼能夠喚來這種幸運呢？

這與曼陀羅表格的三種特性有關。

第一種特性是「抹去成見」。使用曼陀羅表格之後，自然而然會依照相互依存法則思考，也會實際感受到事物的「樣貌」隨著與其他事物的關係產生改變的過程，所以能抹去成見，事物也會以全新的姿態出現在我們面前。

第二種特性是「改變我們的觀點」。前面提過，曼陀羅表格具有俯瞰全體的「鳥眼」、觀察局部的「蟲眼」以及了解整體與局部的相關性或傾向（趨勢）的「魚眼」。所以只要盯著表格看，就能從不同的觀點觀察事物，也能察覺之前沒察覺的部分。

第三種特性是「讓人印象深刻」。當我們不斷地填寫與瀏覽曼陀羅表格，就會隨時注意我們真正想要的東西，又該如何達成目標，

【圖 43】曼陀羅表格帶來靈感

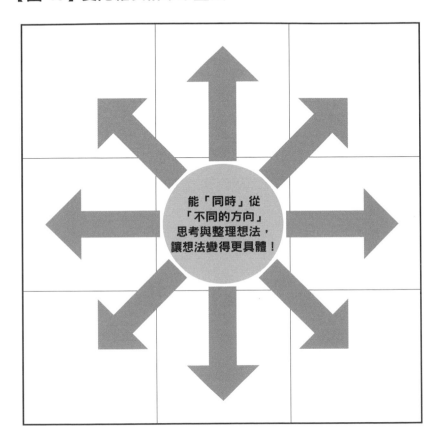

能「同時」從
「不同的方向」
思考與整理想法，
讓想法變得更具體！

曼陀羅表格能讓雜亂的想法變得
井然有序與具體，也與人類的思考機制一樣，
能夠幫助我們從「同時」
從「不同的方向」思考，所以能激發靈感！

或是該怎麼解決問題，如此一來，我們的大腦就更容易「注意」那些達成目標或解決問題所需的資訊。因為人類的大腦就是會一直搜尋那些在意的事情（參考第二章的「將曼陀羅表格放在隨時能夠看得到的地方，威力就會倍增」提到的彩色浴效應）。

綜上所述，曼陀羅表格能讓我們由內而外產生「靈感」，還能喚來外部的「serendipity」。如果你也想要得到靈感，想要偶然的幸運，就應該試著使用曼陀羅表格。

【圖 44】曼陀羅表格召喚幸運的三個原因

最能幫助我們達成目標的工具

大家都知道，歐美人原本是狩獵民族，日本人原本是農耕民族，而且歐美人長期信奉一神教（基督教），日本人卻是多神教的文化。

其實上述這些差異也對達成目標的方式或是自我管理的方法造成影響。比方說，在歐美蔚為主流的目標達成方式與自我管理方法通常帶有狩獵民族的色彩，也就是「將注意力集中在單一目標之上」。

比方說，在星期一設定星期一的目標，然後想辦法達成，在星期二設定星期二的目標，然後想辦法達成。這種當日設定目標，然後集中所有資源，想辦法達成目標的方式與狩獵民族不自覺地避免同時追捕多個獵物，導致全部落空的風險有關，這種達成目標的方式也充分反映了這種思維。

不過，這種目標達成的方式有一個致命的缺點。細節會在第四章進一步說明，但其實人生分成健康、工作、經濟、家庭、社會、人格、學習與休閒這八個領域。若要以歐美人的方式達成這些領域的目標，很容易中途而廢。若問為什麼，將各領域的目標比喻成山，或許會比較容易理解。你能在登山的時候，同時爬另一座山嗎？答案是不行，對吧？所以歐美人的方式很難讓人生的每個領域都變得充實，然而日本人這種農耕民族與狩獵民族不同，習慣同時達成多個目標。比方說，在那邊的田地種蔬菜，在這邊的水田種稻米，閒之餘，再種點其他的農作物。在這個資訊越來越氾濫的時代，這種「能同時達成多個目標」的手法正是日本與全世界所需要的。

能讓我們實現「多個目標，同時採取多項行動」的完美工具就是3×3九宮格的曼陀羅表格。第四章會帶著大家了解該怎麼透過曼陀羅表格的結構完成目標。

完成目標，讓人生變得更豐富的曼陀羅思考法

曼陀羅表格除了能夠解決問題，達成短期目標，還能幫助我們達成人生的目標，讓人生變得更加豐富。讓我們一起了解達成人生目標，讓人生變得更豐富的「曼陀羅思考法」吧。

曼陀羅思考法8原則①
相互依存

　　接下來想繼續探討作為曼陀羅表格基礎的「曼陀羅思考法」。曼陀羅思考法總共有8個原則，與之後根據曼陀羅表格原理設計的「曼陀羅手帳」的內容對應，如果你也想在不同的領域應用曼陀羅思考法，請務必記住這8個原則。

　　曼陀羅思考法的第1個原則就是之前多次提到的「相互依存」，也就是世上萬物的「樣貌」都會隨著與周遭的關係而改變。請大家看圖45。乍看之下，只是筒狀的玻璃杯，但有些人會看成「杯子」，有些人會看成「筆筒」，有時候甚至可以當成「凶器」使用，而這種現象不只在杯子發生，在所有的人、事、物都會發生。

　　如果你也想要擁有幸福豐盛的人生，請採用第三章的「互相影響的思維幫助我們邁向成功」介紹的「相互依存」原則，不要採用「他者依存」或是「自我依存」原則。這世上沒有「只要這麼做，就一定會變得幸福」的原則。以別人為優先，或是以自我為優先都無法變得幸福。如果不想這樣，就要以自己與他人之間的關係為優先，才能一步步走向幸福。

【圖 45】將重點放在和他者之間的關係

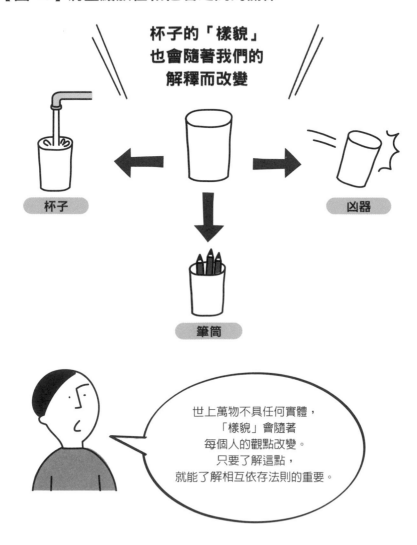

杯子的「樣貌」
也會隨著我們的
解釋而改變

杯子

凶器

筆筒

世上萬物不具任何實體，
「樣貌」會隨著
每個人的觀點改變。
只要了解這點，
就能了解相互依存法則的重要。

曼陀羅思考法8原則②
整合力

曼陀羅思考法的第2原則就是「整合力」

已經學會曼陀羅表格填寫方法的你，應該已經知道曼陀羅表格是最適合同時掌握「整體」與「局部」相關性的工具了。

所謂的「整合力」就是整合整體與局部的力量。說得簡單一點，就是「見樹又見林」的意思。

若問不了解整體與局部的相關性會怎麼樣，答案就是如圖46所示，人生這段旅程會不斷地「遇到災難」，因為我們不知道自己身處整體的哪個部分。除了人生之外，在解決眼前的問題或是想要達成某個目標時，也都會遇到問題。

如果不知道自己位於整體流程的哪個部分，就無法解決問題或是達成目標。若不先從認識現況開始，就只會一直原地打轉。

由於曼陀羅表格能幫助我們從俯瞰全局的「鳥眼」、觀察局部的「蟲眼」與分析整體與局部相關性的「魚眼」觀察事物，所以我們能整合整體與局部，進而了解我們身處何處，又該往哪個方向前進。

【圖 46】從整體與局部的關係出發

不知道自己身處何處，就會看不清人生

曼陀羅思考法8原則③
理想樣貌

曼陀羅思考法的第3原則就是「理想樣貌」。

所謂「理想樣貌」就是以未來的理想模樣為目標，透過逆推流程的方式訂立計畫的拉式（pull）思考，而不是將目標當成過去路線的延續的推式（push）思考。請大家看圖47。如果將目標視為過去路線的延續，就會推著某種東西往終點前進，而這就是推式思考，反觀將目標視為未來的理想樣貌，會先在終點掛上勾勾，然後拉著繩子前進，而這就是拉式思考。

這種拉式思考在曼陀羅思考法之中尤為重要。「以CAPD概念製作曼陀羅表格」一節也會提到的是，採用這種「理想樣貌」的原則，就能將思維從大街小巷都知道的PDCA循環切換成CAPD循環。也就是先正確地認識現況（Check），思考造成現況的原因（Action），思考未來的「理想樣貌」（Plan），以及為了達成理想樣貌該採取的行動（Do）的循環，而不是一開始就先擬定計畫。

曼陀羅思考法總是以上述的理想樣貌為起點，試著弭平現狀與理想樣貌之間的落差，如此一來，我們就不會因為現況而迷惘或是不知所措，也能帶著自信朝向理想樣貌前進。

【圖 47】從未來的理想樣貌看自己

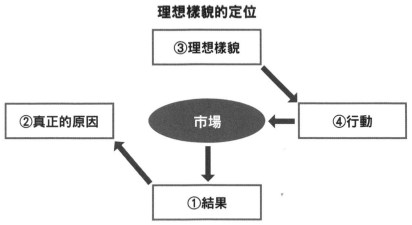

理想樣貌的定位

③理想樣貌

②真正的原因　市場　④行動

①結果

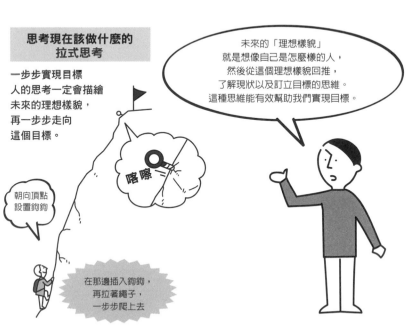

**思考現在該做什麼的
拉式思考**

一步步實現目標
人的思考一定會描繪
未來的理想樣貌，
再一步步走向
這個目標。

朝向頂點
設置鉤鉤

喀嚓

在那邊插入鉤鉤，
再拉著繩子，
一步步爬上去

未來的「理想樣貌」
就是想像自己是怎麼樣的人，
然後從這個理想樣貌回推，
了解現狀以及訂立目標的思維。
這種思維能有效幫助我們實現目標。

曼陀羅思考法8原則④
開發力

　　所謂的開發力就是開發新事物的能力，如果你也想讓人生或工作變得更幸福或豐富，請務必實踐這個開發力原則，因為若無法找到新的靈感、創意或是想出新企畫，就無法與別人形成差異。

　　曼陀羅思考法認為「時時磨練」就能擁有開發力。正因為時時磨練開發力，所以創意、靈感就會突然來到你的身邊（參考「3×3九宮格蘊藏的力量」一節）。為了得到創意就要使用所有手段，盡全力採取行動，如此一來，腦中就會產生化學反應，靈感也會從天而降。

　　如圖48所示，開發力總共分成四個部分，首先是學習前例與手冊內容的「常識實踐」，其次是學習專業知識的「專業實踐」，接著是發揮一己之力的「獨力實踐」，最終是以平常心看待事物的「冥想實踐」，只要完成這四個部分，靈感就會從天而降。這也是以佛教的「中道」為基本的概念。

　　簡單來說，當你做了所有做得到的事，然後讓心情回歸平靜與開始冥想（放鬆）時，靈感就會突然湧現。我們該做的不是等待靈感，而是先做完做得到的事情。

【圖 48】不斷反覆思考與採取行動

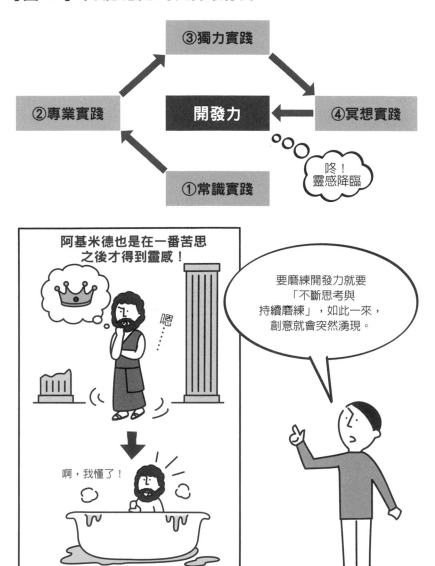

曼陀羅思考法8原則⑤
感謝

　　曼陀羅思考法的第5原則就是「感謝」。曼陀羅表格的基本概念就是「世界是由我們的心創造的」，而這種源自佛教的概念稱為「唯識」。

　　曼陀羅思考法認為，你的環境由你的心創造，別人的環境也是由他的心所創造。假設這個說法成立，那麼要在這種相關性之中得到幸福與豐盛，就必須時時調整自己的內心，因為環境或是人生都是由我們的內心所創造的。

　　在調整內心的時候，很重要的一個環節就是本節介紹的第5原則「感謝」。不管遇到什麼事都告訴自己「多虧○○的幫助」，都記得感謝，就能讓你身處的大環境變得更值得感謝，如果能在遇到危機時記得感謝，就能順利突破危機。

　　具體來說，要讓感謝的心反映在行動上，可採取圖49的四個行動。其中最重要的就是④，也就是不求回報的意思。如果要求回報，就無法打從心底感謝，內心也會出現疑惑，進而創造對應的現實。千萬不要忘記那種最純粹的感謝之心。

【圖 49】調整內心、常懷感謝

曼陀羅思考法8原則⑥
主體性

曼陀羅思考法的第6原則就是「主體性」。

曼陀羅思考法採用的是相互依存法則，也就是世上萬物的「樣貌」都會隨著與他人的關係而改變的法則。這裡的「關係」又稱為「緣分」。請大家先看圖。一粒稻子種在土裡之後，在經過春、夏、秋這三個季節，結成稻穗之前，其實需要各種條件的配合。

正因為有陽光、雨水、去除雜草、施肥這些「相關的努力」，稻子才能結成稻穗，而這種相關的努力就是所謂的「緣」。稻秧要結成稻穗需要善緣，如果只有惡緣，稻秧就無法結成稻穗。也就是說，原因與結果之間，一定有善緣和惡緣。

這節介紹的「主體性」原則，就是由自己解釋善緣或惡緣。結下善緣或惡緣的人都是自己，所以自己能夠決定緣分的好壞，自己的人生也是由自己創造。

要創造善緣不能過於強求，要讓內心保持無為而為，「不堅持」、「不執著」和「不偏頗」才能廣結善緣。

【圖 50】我就是人生的主角

曼陀羅思考法8原則⑦
驗證假說

曼陀羅思考法的第7原則就是「驗證假說」。

如果你想讓人生與工作都走上成功的道路，就一定要實踐「驗證假說」的原則。所謂的「驗證假說」是指釐清目前的「結果、成績」與「目標」之間的落差，然後為了實現目標擬定對策再予以執行，同時不斷地檢視自己。換言之，就是不斷地試著弭平現狀與目標之間的差距。

驗證假說的重點有兩個。第一個重點已在開發力原則的時候提過，就是「盡力實現目標，靈感就會降臨」。在驗證假說的時候，會不斷地嘗試與失敗，所以得不斷地努力，直到抵達極限為止。

第二個重點則是「重新檢視私慾」。如圖51所示，無法達成目標時，失敗的原因往往藏在看不見的地方。其中最深層的部分就是「希望事情依照自己的想法發展的念頭＝私慾」。這個私慾的方向是否正確非常重要。

一旦私慾失控，就會推卸責任，或是採取自己都不認同的行動，目標當然就無法實踐。讓我們透過相互依存法則時時檢視私慾吧。

【圖 51】持續檢視自我

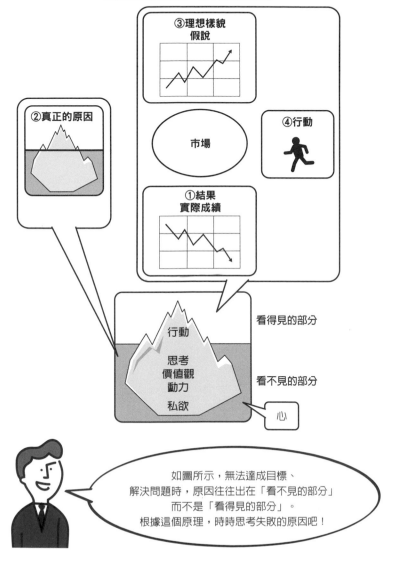

真正的原因藏在「看不見的部分」

③理想樣貌
假說

②真正的原因

市場

④行動

①結果
實際成績

看得見的部分

行動

思考
價值觀
動力

私欲

看不見的部分

心

如圖所示，無法達成目標、
解決問題時，原因往往出在「看不見的部分」
而不是「看得見的部分」。
根據這個原理，時時思考失敗的原因吧！

曼陀羅思考法8原則⑧
持續改革

曼陀羅思考法的第8原則就是「持續改革」。

你如果希望利用曼陀羅思考術的智慧結晶讓人生或工作變得更豐盛，就要實踐最後這個原則。

所謂的持續改革就是根據曼陀羅思考術的原則不斷地改變自己。你是否聽過「不想被改變，就得持續改變」這句話呢？這世界總是不斷地變化，如果忽略這些改變，選擇不改變自己，就會被時代淘汰。因此，要維持現狀就要與時代一起改變，這就是「不想被改變，就得持續改變」這句話的真義。

這個第8原則就是在日常生活或工作採用曼陀羅思考的第1原則到第7原則，並且持續實踐這些原則，不斷地改變或精進自我。

不管是人生還是工作，訂立目標以及採取行動並非難事。真正困難的是「持之以恆」，不斷地朝目標前進，直到目標完成為止。只要能持續一陣子，就會變成一種「習慣」。請大家試著讓曼陀羅思考法的原則完全成為你的習慣吧。

【圖 52】時時提醒自己成為更好的人！

F 第6原則 **主體性**	**C** 第3原則 **理想樣貌**	**G** 第7原則 **驗證假說**
成為主角，與別人建立關係以及採取行動。原因→緣分→結果。	目標不是過去的延續，從理想樣貌觀察現況。	了解目標與現狀的落差，擬定實現目標的對策。
B 第2原則 **整合力**	**曼陀羅思考法 8個原則**	**D** 第4原則 **開發力**
同時掌握「整體與部分的關係」。	1979年，由松村寧雄開發的思考法，能讓人生與工作變得更富足。	時時磨練自己，採取各種行動。
E 第5原則 **感謝**	**A** 第1原則 **相互依存**	**H** 第8原則 **持續改革**
環境由你的內心創造，調整內心的狀態。	境由心生，好心帶來善緣。	為了追求更好，自己也會改變。

時時精進，改善自己才能得到「豐富的人生」，持續執行曼陀羅思考法8個原則吧！

利用曼陀羅思考法「管理自己」

到目前為止已經介紹了曼陀羅思考法的8個原則。

要根據這些原則達成目標或解決問題，就必須「持續地」努力，要想持續地努力就必須「管理自己」。許多人一聽到「自我管理」一詞都覺得很困難，但是要達成目標，實現夢想就必須管理自己。

乍看之下，自我管理不是太困難的事，但實際執行之後，就會發現自我管理非常困難。不過，不曾管理自己的人，往往不知道管理自己的重要性，所以讓我們先了解自我管理為什麼這麼重要。

美國心理學家馬斯洛提倡的「需要層次理論」指出，層次最低的第一需求為「生理需求」，第二需求為「安全需求」，第三需求為「社會需求」，第四需求為「尊重需求」，第五需求為「自我實現需求」。在我們所有的需求之中，最終極的需求就是「想要實現自我」。所謂的實現自我是指，徹底發揮與生俱來的才能、能力與潛換言之，就是實現所有做得到的事情，不管是目標、夢想還是願望，全部一一實現的意思。你的心中也一定沉睡著「希望能徹底發揮與生俱來的才能、能力，做到所有想做的事」這種需求，尤其想擁有豐盛、幸福人生的人更是如此。

要實現這種自我實現需求，當然需要「管理自己」。因為無法管

理自己，就會因為在邁向目的的途中受挫而放棄，或是為了工作而忘了目標，也無法體會自己正一步步走向目標的感覺。因此，學會管理自己的方法，才能實現自我。話說回來，你是管理自我的高手嗎？大部分的人應該都會回答不是才對。不過大家不需要因此沮喪。

因為人類本來就是不擅管理自我的生物，理由就是下列舉出的8個阻礙：

1. 思緒混亂，難以釐清
2. 很難集中注意力在該專注的事物上
3. 大腦無法全速運轉
4. 無法了解問題的細節
5. 無法有機地組合凌亂的資訊
6. 無法整合整體與局部
7. 無法釐清問題與採取具體的行動
8. 無法「長期記住」解決問題或達成目標所需的資訊

讀到這裡大家應該已經發現，上述這些障礙都可以透過曼陀羅表格解決。只要利用曼陀羅思考法管理自己，一切就會變得順利。

以CAPD概念
製作曼陀羅表格

　　只要是商務人士，大概沒有人不知道PDCA循環，但是，PDCA循環不大適合用來解決問題，聽到這裡，應該有不少人會大吃一驚，但我講的是真的。

　　所謂的PDCA循環是透過P（Plan=計畫）、D（Do=行動）、C（Check=分析現狀）、A（Action=改善現狀的行動）這四個流程解決問題或是改善狀況的手法。

　　不過，這個流程不太實用，我覺得CAPD這個流程才實用。第一個步驟應該是C才對。為什麼呢？因為遇到問題的時候，沒辦法於第一時間訂立計畫，應該是要先分析問題與現況才對，接著在思考這個問題的時候，立刻展開行動，尤其在刻不容緩的時候，更是需要如此。所以第二步驟後是A。等到找出真正的原因就進入P這個階段，最後一步則是採取真正能解決問題的行動。

　　在填寫曼陀羅表格的時候，請務必依照這個CAPD的順序填寫，問題應該就能迎刃而解。

【圖 53】以 CAPD 解決問題

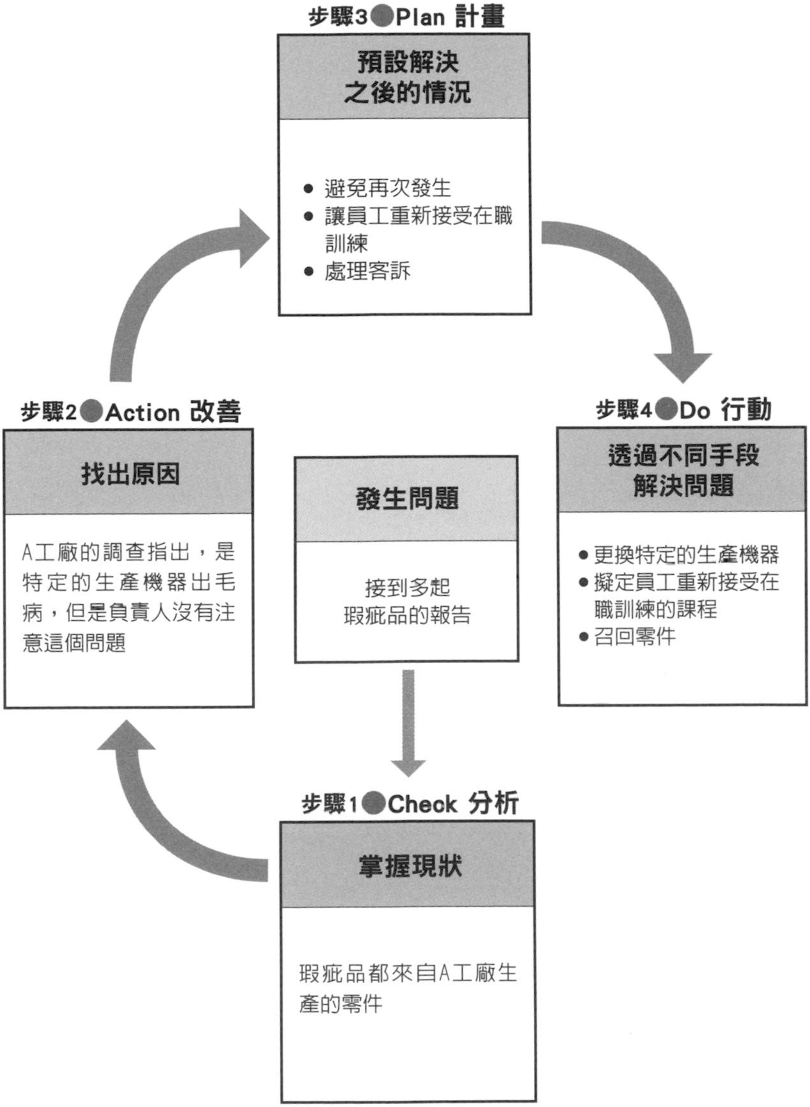

步驟3●Plan 計畫

預設解決 之後的情況
● 避免再次發生 ● 讓員工重新接受在職 　訓練 ● 處理客訴

步驟2●Action 改善

找出原因
A工廠的調查指出，是 特定的生產機器出毛 病，但是負責人沒有注 意這個問題

發生問題
接到多起 瑕疵品的報告

步驟4●Do 行動

透過不同手段 解決問題
●更換特定的生產機器 ●擬定員工重新接受在 　職訓練的課程 ●召回零件

步驟1●Check 分析

掌握現狀
瑕疵品都來自A工廠生 產的零件

目標不要只有一個

　　不管是人生還是工作，都應該設立目標。但是「不能只是空談目標而不採取行動，否則目標就沒有任何意義」。就算常常設定目標，也有可能過一段時間之後就忘掉目標或是不採取任何行動，這麼一來，當然無法完成目標。

　　應該有不少人為了避免目標成為「鏡花水月」，而將寫了目標的紙貼在牆壁上，或是設定達成目標的日期，然後從長期目標回推中期目標、短期目標，以及每天該做的事情，總之就是做了許多努力。

　　不過，就算做到這種地步，也還是很難達成目標。

　　因為，大部分的人都「只設定一個目標」。「不能只設定一個目標？」我似乎聽到有人如此大喊。的確，我們的能力、時間、資金以及其他資源都有限，所以有些人會覺得集中資源應該比較有機會達成目標吧？

　　不過，只設定一個目標有一個致命的缺點，那就是會陷入「不達成目標就無法變得幸福」這種窠臼之中。

　　比方說，你想要考證照，讓自己有機會升職，如果沒考過的話，就會覺得升官無望，也覺得人生很糟糕。其實這種孤注一擲的思考模式會讓人誤以為「工作不順利，家庭也不順利」，會覺得「該不會無法完成這個目標，其他的事情也會跟著不順利吧？」因此

陷入不安。

　　除了工作之外，過度在意某件事情，並將所有資源都投注在這件事上面，一旦無法完成這件事，就會覺得自己什麼都做不好，自己無法獲得幸福，也會覺得自己已經過勞。

　　因此，設定目標固然重要，但也要知道，孤注一擲有其風險。

　　那麼該怎麼做才能達成目標，獲得幸福與豐盛的人生呢？答案就是「平衡」。

　　在工作、家庭、興趣、人際關係以及人生的各種領域設定恰如其分的目標，然後一步步慢慢完成這些目標就好。

　　最能幫助我們平衡達成這些目標的方法就是使用3×3九宮格的曼陀羅表格達成目標的方法。將自己擺在核心空格，再於周圍設定於下一節介紹的「人生八大領域」，以及在每個領域寫下目標，然後保持平衡達成這些目標。

　　如此一來，就能接近「工作與家庭都順利」的狀態。

以8個領域思考人生

　　曼陀羅表格除了能解決眼前的問題，達成短期衝刺的目標，還能幫助我們達成人生目標，讓人生變得更豐富、踏實。由於曼陀羅表格包含了微觀與宏觀的視點，所以是能幫助我們完成各種規模的目標或夢想的萬能工具。話說回來，該怎麼使用曼陀羅表格達成人生的目標，讓人生變得更豐富呢？請大家先試著將人生分成8個領域，分別是A：健康、B：工作、C：經濟、D：家庭、E：社會、F：人格、G：學習、H：休閒。將這八個領域寫在核心空格的周圍。在這八個領域之中，「人格」與「社會」應該有點難懂才對。

　　人格這個部分指的是別人眼中的你。比方說，如果別人覺得你「很常睡過頭」，這代表你的人格有問題，所以只要改善這點，或許就能建立良好的人際關係。至於社會這個部分，則是「與別人之間的來往或是人脈」，舉凡公司、社區、學校、社團、鄰里都屬於這個部分。像這樣將人生分成八個領域，就會知道你想要的人生是什麼，也會知道自己的人生願景。

【圖 54】以 8 個領域思考人生

F　人格	C　經濟	G　學習
試著列出提升人格的計畫或目標，也可以寫出人格上的問題。	試著列出經濟方面的目標或計畫，例如想要存多少錢，想要投資什麼標的。	試著列出工作與私領域想要學習的事情，以及相關的學習目標或計畫。
B　工作	**今年的目標與責任**	**D　家庭**
試著在這裡列出今年一整年的工作計畫。		試著列出家庭方面的理想樣貌或目標狀態。
E　社會	**A　健康**	**H　休閒**
試著列出與增加夥伴、建立人脈、改善人際關係有關的目標或計畫。	列出與健康有關的目標或是想要維持的狀態。	試著列出在私領域想要多花時間享受的事物。

訂定年度優先計畫，
實現想做的事

　　一如前述提到的曼陀羅機能（參考第三章的「互相影響的思維幫助我們邁向成功」），世上萬物都存在於「相互依存法則」之中，所謂的「相互依存法則」就是萬物的樣貌會隨著與客體之間的關係而改變。

　　這種相互依存法則對你與你的計畫的關係也有無比的影響力，正是因為你訂立了計畫，你的內心的樣貌才會改變，才會具有實現計畫所需的行動方針，也能才發揮主導權。反之亦然，想要完成某件事，想要達成某個目標，第一步就是建立計畫，否則就會在相互依存法則的影響之下一事無成，白白地浪費時間。

　　接下來為大家介紹以曼陀羅表格的思維訂立計畫的方法。

　　第一步，要以巢狀結構的方式安排計畫，再記住這些計畫。換句話說，最外層的是「人生計畫」或「職涯規畫」，第二層是「年度計畫」，第三層是「每月計畫」，最裡面那層是「每周或每日計畫」。

　　訂立計畫的重點在於要「由外而內決定計畫」。決定人生計畫之後，接著填寫年度計畫，然後為了實現年度計畫，訂立每月計畫或是每周計畫。反過來說，不這麼做，你只能注意到眼前的計畫，只能隨遇而安，無法達成偉大的目標。

接著讓我們依照曼陀羅表格的思維，試著訂立計畫吧。第一步，請先想像你這輩子想要達成的目標，想要過怎麼樣的生活，這就是所謂的「人生計畫」，或是想像自己想透過工作達成什麼目標，而這就是「職涯計畫」。之後再思考要達成人生計畫或職涯計畫，一整年該做哪些努力。

這種為了達成人生計畫而擬定的年度計畫稱為「年度優先計畫」。之所以多了「優先」兩字，指的是必須優先去做的事情排入年度計畫之中。

年度優先計畫不一定只能安排工作。比方說，「每年一定要出國旅行」這件事如果能讓你的人生變得更豐盛，就把這些私人行程放入年度優先計畫。

如果不採用這種年度優先計畫的概念，我們將會白白浪費時間，「想做的事」、「想完成的目標」一件也完成不了。先將該做的事情排入計畫，我們的大腦就會開始思考「該怎麼做才能完成目標？」當我們擬定了年度優先計畫，接下來就是擬定實現這項計畫的「當月企畫計畫」。換言之，計畫是由上而下，按部就班地規畫。

以行程為優先，
內心會自動做好準備

　　將人生計畫或是職涯規畫落實為年度優先計畫之後，接著是擬定「當月企畫計畫」，幫助自己完成年度優先計畫。當月企畫計畫的行程可如圖分成左右兩個區塊。第一步先在左側區塊填入在年度優先計畫設定的待辦事項。

　　如此一來，用來完成大目標的待辦事項就能排入你的行程之中。這裡的問題在於為了確實執行這些待辦事項，需要訂立與執行相關的「企畫」。當月企畫計畫的右側區塊列出了人生八個領域，也就是相當於曼陀羅表格A至H的項目。之後可在右側區塊替每個準備執行的每月企畫打勾。然後在打了勾勾的日期的左側區塊填寫日期、時間以及待辦事項的具體內容。

　　建議大家把每月企畫的細節寫在另一張紙上面。除了撰寫與人生八個領域有關的企畫，也可以撰寫上上個月、上個月的企畫，或是本月重點企畫。

　　也建議大家盡可能在月初執行這項作業，因為在相互依存法則的影響之下，愈早決定待辦事項，你的內心就會愈早準備實現這些待辦事項。只要以行程為優先，你的內心就會自動做好準備。

【圖 55】排定行程表就能活化大腦

2月FEB・當月企畫計畫
Monthly Schedule 〔行程優先、活化大腦〕
每月重點企畫 新企畫

		行程 •8•10•12•2•4•6•8	A會議	B家庭	C學習	D健康	E企畫	F拜訪	G後續	H休閒
1	四	先勝* 先勝　拜訪A公司			✓			✓	✓	
2	五	友引 瑜珈　　　　B公司→　提出報價單			✓	✓		✓		
3	六	先負								
4	日	佛滅　　健身房→				✓	✓			
5	一	大安 瑜珈 讀書 定期會議　　整理資料	✓		✓	✓	✓			
6	二	赤口　〃　　　企畫會議	✓		✓		✓			
7	三	先勝 瑜珈 〃　C公司→　D公司→			✓	✓		✓		
8	四	友引　〃				✓				
9	五	先負 瑜珈 〃　　　　與朋友聚餐			✓	✓				✓
10	六	佛滅								
11	日	大安　　　旅行的準備								
12	一	赤口　　定期會議	✓							
13	二	先勝			✓					
14	三	友引　沖繩旅行			✓					
15	四	先負			✓					

年度優先計畫
↓
當月企畫計畫

先將一整年的行程排進
「年度優先計畫」，再以這些行程為優先，
擬定每月行程。之後再以月為單位，
擬定執行上述行程的企畫，然後在上述的
當月企畫計畫的行程執行這些企畫。
由於右側配置了人生八個領域，
所以可在與每月企畫有關的日子、執行日期、
預定執行日期打勾，確定待辦事項之後，
再於左側的行程欄位填入待辦事項的內容。

* 行事曆中的六曜是古曆，將一個月30天分為5等分，類似現在的星期，各有意義，包括：
1．先勝：先行者勝；2．友引：呼朋引伴；3．先負：先行者敗；4．佛滅：功德消失；
5．大安：萬事平安；6．赤口：吵架爭論。

以曼陀羅思考法訂立每周的目標

在剛剛透過曼陀羅思考法擬定行程的時候，先是根據規模最大的人生計畫寫出年度優先計畫，之後再為了實現這個年度優先計畫而擬定當月企畫計畫。之後要擬定的就是當周行動計畫。

年度優先計畫與當月企畫計畫都是月曆格式，但當周行動計畫與3×3九宮格的Ａ型表格採用相同的格式，請大家參考圖56。

核心空格的內容是「目標與任務」。與曼陀羅表格的不同之處在於，從左上角開始配置日期。核心空格附近區塊都標註了一整天的時間，所以能具體寫出每個小時該做的事。右下角的空格則是「本周評估、感想與對策」的部分，可在一周結束之後，填寫一整周的回顧或感想。

核心空格的內容是與外層行程密切相關的「目標」，只要時時將這個目標放在心上，一整周就會配合這個目標採取行動。如此一來，除了能隨時注意必要的資訊，以及得到相關的「靈感」，也會更知道自己該採取哪些行動。此外，將待辦事項拆解成每周該做的事，就能持之以恆地完成每件事。

【圖 56】以曼陀羅表格排定每周行程表

1月 當周行動計畫
Activities This Week

結果符號	✔ 達成	➡ 進行中	✘ 取消

15 （一）Mon 先勝	**16** （二）Tue 友引	**17** （三）Wed 先負	MEMO （本週的靈感專區 資訊、創意、點子）
・ 8 ・ 10 ・ 12 ・ 2 ・ 4 ・ 6 ・ 8 ・	・ 8 ・ 10 ・ 12 ・ 2 ・ 4 ・ 6 ・ 8 ・	・ 8 ・ 10 ・ 12 ・ 2 ・ 4 ・ 6 ・ 8 ・	
18 （四）Thu 佛滅	●**本周目標、任務** 結果 Weekly Objective	**19** （五）Fri 赤口	
・ 8 ・ 10 ・ 12 ・ 2 ・ 4 ・ 6 ・ 8 ・	1. 2. 3. 4. 5. 6. 7. 8.	・ 8 ・ 10 ・ 12 ・ 2 ・ 4 ・ 6 ・ 8 ・	
20 （六）Sat 先勝	**21** （日）Sun 友引	◆**本周回顧、感想與對策** Review of Weekly Progress	
・ 8 ・ 10 ・ 12 ・ 2 ・ 4 ・ 6 ・ 8 ・	・ 8 ・ 10 ・ 12 ・ 2 ・ 4 ・ 6 ・ 8 ・		

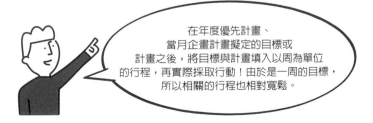

在年度優先計畫、當月企畫計畫擬定的目標或計畫之後，將目標與計畫填入以周為單位的行程，再實際採取行動！由於是一周的目標，所以相關的行程也相對寬鬆。

以Ｂ型表格檢視人生的平衡度

　　先前提過，將人生分成八個領域比較好（參考圖54），但每個人在這八個領域的比重都不一樣，有些人特別重視工作，有些人特別重視休閒或家庭，許多人的生活都不夠平衡。

　　不過，過於偏頗的人生算得上幸福豐盛嗎？工作很充實，卻賠上了健康，在家裡也像是孤鳥一隻的話，這樣的人生真的稱不上幸福。人類本來就是擁有平衡的人生，才比較容易感到喜悅的生物。

　　因此建議大家透過Ｂ型表格確認人生的「平衡度」。首先在Ｂ型表格填入你的人生八領域，接著在每個領域寫入四個向自己提問的問題。這些問題可以是能夠分成下列五個階段的問題：①沒注意過，也完全沒執行過；②偶爾－會注意，但沒有執行過；③一直都很注意，接下來會執行；④一直都很注意，偶爾會執行；⑤一直都很注意，也都認真執行。

　　回答這些問題之後，再替答案評分。滿分為20分。如此一來，應該就能看出你的人生的「平衡度」。

【圖 57】以 B 型曼陀羅表格確認人生平衡度

6		3 座右銘	7		6		3 短期計畫	7		6		3 提升技巧	7
		1－2－3－4－5					1－2－3－4－5					1－2－3－4－5	
2 尊敬的人	**F 人格** ___分 20分	4 反省與改善		2 長期計畫	**C 經濟** ___分 20分	4 夢想、目標		2 提升人生品質	**G 學習** ___分 20分	4 天職	
1－2－3－4－5		1－2－3－4－5		1－2－3－4－5		1－2－3－4－5		1－2－3－4－5		1－2－3－4－5	
5		1 磨練人格	8		5		1 對現況的掌握	8		5		1 提升自我	8
		1－2－3－4－5					1－2－3－4－5					1－2－3－4－5	

6		3 尋找創意	7		**F 人格**	**C 經濟**	**G 學習**		6		3 為了家人	7
		1－2－3－4－5									1－2－3－4－5	
2 夢想、目標	**B 工作** ___分 20分	4 100%的力量		**B 工作**	**人生八大領域 自我評估**	**D 家庭**		2 與家人一起	**D 家庭** ___分 20分	4 父母親、兄弟	
1－2－3－4－5		1－2－3－4－5		**E 社會**	**A 健康**	**H 休閒**		1－2－3－4－5		1－2－3－4－5	
5		1 樂在其中	8						5		1 家庭	8
		1－2－3－4－5									1－2－3－4－5	

6		3 社區	7		6		3 生活			6		3 美術	7
		1－2－3－4－5					1－2－3－4－5					1－2－3－4－5	
2 人脈	**E 社會** ___分 20分	4 組織		2 健檢	**A 健康** ___分 20分	4 重訓		2 音樂	**H 休閒** ___分 20分	4 其他	
1－2－3－4－5		1－2－3－4－5		1－2－3－4－5		1－2－3－4－5		1－2－3－4－5		1－2－3－4－5	
5		1 朋友	8		5		1 休養、治療	8		5		1 運動	8
		1－2－3－4－5					1－2－3－4－5					1－2－3－4－5	

請試著將人生的八個領域
像這樣寫成B型表格，
再於八個領域分別填入四個「提問」。
這些問題的目的在於了解
「對於各領域的關心程度與執行程度」，
也是能讓你的人生變得更豐富的提問。
填寫完畢之後，以五段式階評的方式回答這些提問，
再替答案打分數。滿分為20分。
如此一來，就能一眼看出人生
的平衡度。

利用雷達圖讓人生
平衡度更具體

到目前為止不斷提到，要讓人生真的擁有幸福，過得豐盛，就必須讓人生維持平衡。前面也提過，可利用B型表格回答人生八大領域的問題，測量人生平衡度。

還有一個能快速檢測人生平衡度的方法，那就是在B型表設定人生八大領域之後，分別在每個領域寫入「想做的事」與「實踐的事」。如此一來，有些領域一下子就能填好，有些領域卻很難下筆。比方工作領域一下子就能寫出想做的事情與正在實踐的事情，但是在健康領域什麼也寫不出來，而這樣的落差也能說明人生平衡度。

建議大家盡可能一年確認一次人生平衡度，否則人生有可能不知不覺愈走愈偏。確認平衡度之後，可試著如圖58畫成「雷達圖」，如此一來，就能一眼看出哪個部分不足，哪個部分過於偏重。請大家務必從人生平衡度，找到讓自己的人生變得更加豐富的方法。

【圖 58】了解人生平衡的雷達圖

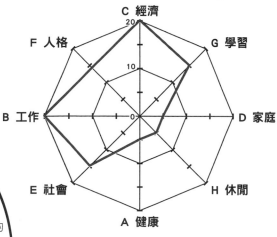

過於偏重工作的人生

建議大家一年
檢視一次上一節介紹的
人生平衡度，就能
一眼看出哪個
部分不足，
在哪個部分多努力，
就能讓人生
變得更豐富。

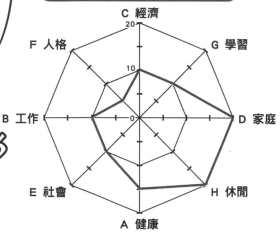

過於偏重私生活的人生

「不緊急但很重要的事情」是讓人生更豐富的關鍵

　　大家是否看過圖59「時間管理矩陣」？這是管理時間的方法之一，主要是透過「緊急、不緊急」和「重要、不重要」這兩個座標軸，將自己的行動分成四個象限的方法。

　　許多人都會優先處理第一象限「緊急且重要」的事情。因為又緊急又重要，會先處理也是理所當然。但其實有些人卻花很多時間處理很緊急，但不太重要的事情，也就是第三象限的事情，對於真正重要的事情卻視而不見，或是花太多時間處理不太緊急也不太重要的事情，導致自己白忙一場，徒增疲勞。

　　只要利用這個時間管理矩陣分類自己要做的事情，就能避免自己以第三象限或第四象限的事情為優先。話說回來，只處理第一象限，也就是「緊急且重要」的事情，你的人生就會變得更豐足嗎？答案是不會。其實我們的人生能否過得豐足，往往取決於第二象限的「不緊急但很重要」的事情。比方「考證照」、「發展興趣」和「陪伴家人」這些都屬於這個象限的事情。如果太過疏忽這些事情，就只會變成工作狂，精神生活也會萎靡，也無法與別人形成差異。所以請將注意力放在第二象限的事情。

【圖 59】緊急和重要事項矩陣

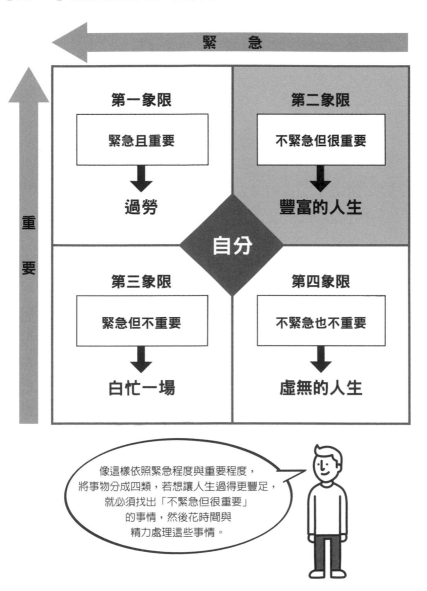

像這樣依照緊急程度與重要程度，將事物分成四類，若想讓人生過得更豐足，就必須找出「不緊急但很重要」的事情，然後花時間與精力處理這些事情。

利用曼陀羅表格
訂立人生一百年計畫

　　以曼陀羅的理念為基礎的思考法非常重視擬定長期的「人生計畫」。因為從未來的觀點回頭看現在，就會知道現在的自己該做什麼，也就能一步步實現自我。許多人都發了訂立長期的人生計畫，再從終點回推，找出自己該做什麼的人生計畫建構法，但是這些人生計畫建構法多數只有「時代」與「領域」這兩種主軸。比方說，縱軸是從出生到死亡的各個時代，橫軸是人生的各個領域，然後觀察哪個領域更接近自己預設的終點。不過，這種結構的人生計畫建構法無法看出各領域之間的「有機性」與「相關性」，也太過簡單，無法看出現在該做什麼才對。

　　因此，曼陀羅表格另有獨創的「人生一百年計畫建構法」。這種在3×3九宮格的中心配置「自己」，再於周遭的空格填寫每個時期的目標或業績的建構法，能讓每個時期的目標如同有機物一般地互動，所以能幫助我們釐清「每個時期的相關性」、「到目前為止，人生的目的出現哪些改變」、「有沒有不變的目的」和「現在該做什麼才對」這些問題，也能活化我們的大腦，「過去、現在、未來」的願景也會變得更加鮮明。

　　接著讓我們趕快利用B型表格擬定人生一百年計畫吧。第一步，先在核心空何填入自己的名字、出生年月日，接著在A區填寫

「幼年期到10幾歲（0至19歲）」，在B區填寫「20幾歲（20至29歲）」，在C區填寫「30幾歲（30至39歲）」，在D區填寫「40幾歲（40至49歲）」，在E區填寫「50幾歲（50至59歲）」，在F區填寫「60幾歲（60至69歲）」，在G區填寫「70幾歲（70至79歲）」，在H區填寫「100歲（80至100歲）」。像這樣在核心周遭配置了分枝的內容之後，再將人生八大領域分配到這些區域，其中包含1.健康、2.工作、3.經濟、4.家庭、5.社會、6.人格、7.學習與8.休閒。填寫完畢後，在過去與現在的部分填寫「實際發生過的事」。

接著在未來的部分填入「想成為什麼樣的人」，然後想像一百歲的自己，再逆推現在的自己該成為什麼樣的人，又該做什麼事情。

在製作這張計畫表的時候，你對「過去」的解釋能幫助你勾勒未來。如果現在的你很成功，那麼你就會覺得「正是因為有過去那些不好的事情，才有現在的自己」，換句話說，現在的你可以隨心所欲地解釋過去發生的事情，而且這些屬於過去的解釋也會影響未來的你。所以請仔細閱讀寫在過去區塊的內容，試著做出一些解釋，你的一生一百年計畫說不定會變得更完美。

讓人生變得更豐富的
曼陀羅手帳

　　想必已經有讀者迫不及待，想要嘗試這種基於曼陀羅思考法設計的行程管理術。

　　其實目前已經有執行這種行程管理術的「曼陀羅手帳」。

　　已故的曼陀羅表格開發者松村寧雄老師的Clover幸運草管理研究所每年都會販售這個手帳（可從Clover幸運草管理研究所自家的商店購買）。

　　曼陀羅手帳不只能管理行程，還是能從不同的角度讓你的工作與人生變得更加豐富的魔法手帳。總共有三種大小，格式都是3×3九宮格的曼陀羅表格。

　　其中也包含了前面提到的人生計畫、人生八大領域、年度優先計畫、當月企畫計畫、當周行動計畫的頁面，各位讀者可利用這本手帳立刻實踐前面介紹的行程管理術，此外，也能選購比當周行動計畫更精細的「當日實踐計畫」表格，或是能自由設定九宮格的曼陀羅圓夢計畫本，以及桌上型的曼陀羅表格（A型、B型）。

　　利用一般的手帳、智慧型手機、平板電腦管理行程的確很方便，但只有曼陀羅表格能幫助我們維持人生八大領域的平衡，所以有不少人都會搭配其他的手帳一起使用。

　　接著，讓我們先複習利用曼陀羅手帳管理行程的方法。

【圖60】應用曼陀羅表格的記事本

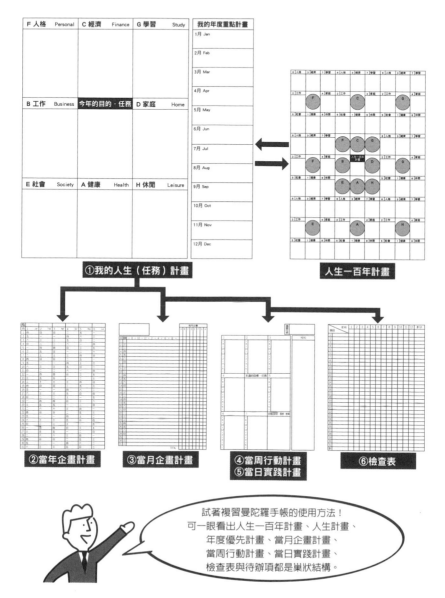

試著複習曼陀羅手帳的使用方法！
可一眼看出人生一百年計畫、人生計畫、
年度優先計畫、當月企畫計畫、
當周行動計畫、當日實踐計畫、
檢查表與待辦項都是巢狀結構。

剛開始使用曼陀羅手帳的時候，先於「我的人生（任務）計畫」頁面寫入「人生八大領域」。接著在「年度優先計畫」擬定一整年的待辦事項，先把所有未來想做的事情都放入行程。接著在「當月企畫計畫」頁面填寫每個月要處理的課題、準備，藉此確實地執行待辦事項。接下來利用「當周行動計畫」與「當日實踐計畫」寫出每周與每日要做的事情。利用這種巢狀結構的行程表可從「未來的理想樣貌」逆向導出「現在該做什麼」，這也是曼陀羅手帳的特徵。

　　此外，可在曼陀羅手帳的任何一處設置「回顧點」，比方說，可在當月企畫計畫的每一天回顧人生八大領域，也可以在當周行動計畫的最後一個空格填寫當周的評估或感想。曼陀羅手帳也有「檢查表」這個頁面，可幫助各位驗證自己的計畫與行動，以便進行後續的行動。曼陀羅手帳可說是讓工作與生活達成平衡的最佳工具。

　　試著將常用的手帳換成曼陀羅手帳，曼陀羅思考術的智慧結得就會改變你的行程、計畫與行動，你也將更迅速地達成目標與解決問題。

Chapter

5

光是回答問題
就能讓人生和工作變得更豐富！
魔法提問曼陀羅表格

光是回答就能施展魔法的「魔法提問」。魔法提問與曼陀羅表
格組合之後的智慧結晶就是「魔法提問曼陀羅表格」。當曼陀
羅表格加了魔法，效果將更加驚人。

曼陀羅表格與魔法提問
合體之後的威力

　　我記得是在二十幾年前遇見曼陀羅表格。在當時的貴人介紹之下，我有幸認識開發曼陀羅表格的松村寧雄老師，也有機會參加了讀書會。

　　這真的是改變人生的一次相遇。在遇見曼陀羅表格之前，我不斷地提倡「魔法提問」這個方法。所謂的魔法提問就是透過自問自答的方式施展魔法，讓自己的想法產生變化，或是讓自己採取行動的方法。

　　一直以來，我都透過「提問」幫助別人改變人生，但生為專業提問家的我也一直覺得「靈感枯竭」或是「不知道該怎麼整理氾濫的點子」。不過，松村老師傳授的曼陀羅表格一口氣幫我解決了這兩個煩惱。只要一直使用曼陀羅表格，商業方面的靈感就不斷湧現，也能知道接下來該做什麼事情，也找到真正想做的事情。

　　這讓我不禁在心裡大喊「這項工具實在太棒了！」我也興奮地向身邊的朋友推薦曼陀羅表格，但是沒有人願意使用看看。我問他們「為什麼不使用看看呢？」他們給了我這樣的答案。

　　「就算有九格空格，但我也不知道該寫什麼」。大部分的朋友都不知道該在空格寫什麼，所以就乾脆放棄。這個答案讓我感到驚訝，因為我一看到曼陀羅表格就想到很多內容，但他們卻想不到。

在我認真地思考「我跟他們有何不同」之後，我找到了答案。

我在寫曼陀羅表格的時候，總是不斷地自問自答，靈感也是在此時浮現。這讓我開始思考「如果我提倡的魔法提問與曼陀羅表格結合，會有什麼效果？」如果先在曼陀羅表格的九宮格填入魔法提問，是不是每個人都能像我一樣，自然而然地「自問自答」，順利地填完九宮格呢？

於是「魔法提問曼陀羅表格」就誕生了。魔法提問曼陀羅表格預設了適合許多人回答的主題，每個主題都準備了8個問題，只要回答這些問題，就能順利填完九個空格。此時的重點在於「回答的順序」。在我研究以什麼順序回答最有效果之後，替不同的領域開發了魔法提問曼陀羅表格，這就是收錄於本書附錄的魔法提問曼陀羅表格。

我相信，這個魔法提問曼陀羅表格能讓每個人輕鬆地應用曼陀羅表格的魔法。這種魔法提問就像是指導曼陀羅表格填寫方式的「教練」，還請大家務必使用看看。

話說回來，魔法提問是什麼？

　　由於可能有人不知道「魔法提問」是什麼，所以想為大家稍微說明。

　　我在大學畢業之後就立刻創業，但當時的我還不夠成熟，事業一直不太順利，最後也自己開除了自己。在幾經挫敗之後，我才想到了魔法提問。

　　「接下來該怎麼辦？」走投無路的我開始自問：「我到底想做什麼？（What？）」之後自問：「真的想做這件事嗎？（Are you sure？）」但是我只得到負面的答案。不過，我自問：「為什麼（Why？）」然後不斷自問第1個與第2個問題，便漸漸地看清自己想做的事情。

　　之後當我自問：「所以呢？（What do you want？）」便能想像達成目標之後的自己，也釐清了自己真正想做的事情。最後當我自問：「該怎麼達成？（How？）」便看清自己真正該做的事情。當我發現「提問能使人改變」這件事，我便將這個方法命名為「魔法提問」，也開始推廣這套方法。

【圖 61】魔法提問是什麼

第1個問題

做什麼？
（What?）

透過這個問題釐清接下來
該做的事情，幫助自己解決
眼前的問題或是實現目標。

第2個問題

真的確定嗎？
（Are you sure?）

問自己是否真的想解決（實現）這個事情。
如果答案是肯定的，就進入下個問題，
如果不是，自問：「為什麼？」
得出答案之後，回到第一個問題，直到出現
肯定的答案之前，不斷自問。

第3個問題

所以呢？
（What do you want?）

目的達成或是問題解決後，
自問：「接下來想做什麼？」
「想如何改變？」

第4個問題

該怎麼做？
（How?）

最後透過這個問題找出該做的事情，
加速解決問題或達成目標。

魔法提問曼陀羅表格的
使用方法

接下來要說明魔法提問曼陀羅表格的使用方法。

這次在附錄針對各類型，準備了總共24張魔法提問曼陀羅表格的藍圖，建議大家一邊看這些魔法提問曼陀羅表格的藍圖，一邊閱讀本節的內容。

魔法提問曼陀羅表格為A型表格，核心空格的部分是主題，A至H的8個空格都填好了魔法提問。接著以第1張「釐清願景」的魔法提問曼陀羅表格為例，說明魔法提問曼陀羅表格的使用方法。

A空格填寫的是「十年後的你會是什麼模樣？」B空格則是「你對社會有什麼貢獻？」C空格是「你（公司）的文案什麼？」D空格是「你（公司）的關鍵字是什麼？」E空格是「與員工共通之處是什麼？」F空格是「你的公司若是消失，誰會覺得不方便，又是什麼樣的不方便？」G空格是「為了維持願景，能夠做什麼？」H空格是「你（公司）在一百年之後是什麼模樣？」總共填寫了這些問題。

第一步，也是最推薦的回答方式就是依照A至H的順序回答，因為這樣最有效果。

雖然不是不能在思考「十年後的你會是什麼模樣？」之前就先思考「你（公司）在一百年之後是什麼模樣？」這個問題，但幾乎

不會有什麼效果。很不想依照順序回答問題的人或許會直接從Ａ至Ｈ的空格之中挑一個回答。

此外，如果沒辦法回答完整的內容，可試著填入單字、畫圖或是填入符號。

因為重點在於「試著思考」問題，而不是填寫答案。

所以請大家樂在其中就好。回答8個空格的魔法提問之後，最後在核心空格的題目寫下察覺到的事情。

回答魔法提問之後，應該會湧現不少足以回答核心主題的靈感，所以能察覺許多在填寫表格之中沒察覺的事情。在透過魔法提問曼陀羅表格找到接下來該執行的「具體行動」之後，可將這個「具體行動」與相關的日期、計畫填入手帳或是筆記本。

此外，這個魔法提問可以自己使用，也能大家一起使用，而且效果非凡。與同事使用同一張曼陀羅表格，讓所有人一起回答魔法提問與填滿空格，再試著一起討論結果。

如此一來，就能從別人身上找到自己絕對想不到的答案，你的想法與別人的想法也有可能產生化學變化，整個團隊的願景也會變得更加清晰，產值也能提升。還請各位讀者務必試著與別人一起使用。

魔法提問創造效果的3個規則

在正式使用魔法提問曼陀羅表格之前，有三項需要注意的規則，分別是：①所有答案都是正確解答；②答不出來也是正確解答；③接受所有答案。

第一項規則是「所有答案都是正確解答」。其實沒有所謂「絕對正確的答案」。就算乍看之下是錯誤的答案，但只要是你打從心底得出的答案，那就是正確答案。

第二項規則是「答不出來也是正確解答」。「答不出來不行吧？」或許有些人會這麼覺得，但其實沒有答案也是一種答案。換句話說，你察覺自己無法回答這個問題，但這樣也沒有關係。因為只要遇到問題，人類的大腦就會不自覺地一直思考這個問題的答案，就算現在答不出來，也有可能在一年之後突然找到答案，所以大家不用太心急。

第三項規則是「接受所有的答案」。有些人無法接受自己提出的答案，甚至覺得「這真的是我的真心話嗎？」即使如此，也不要否定這個答案，先試著接受看看，如此一來，或許能察覺之前沒察覺的事情。

【圖 62】魔法提問的 3 個規則

規則
❶
所有答案
都是正確解答

每個人的回答都不同，立場不同，答案也不同，所以任何答案都是正確答案，輕鬆面對才是重點。

規則
❷
答不出來
也是正確解答

就算是魔法提問，也不用硬逼自己回答。放輕鬆、慢慢想，自然而然就能得出答案。

規則
❸
接受
所有答案

有時候自己會無法接受或認同自己提出的答案，不過還是要以寬容的心面對任何答案。

遵守這三項規則
應該就能輕鬆面對魔法提問了！

結語

　　感謝各位讀者讀到最後，真的非常感謝，我是負責監修的松村剛志。

　　曼陀羅表格是經營顧問公司的家父松村寧雄，於1979年開發的思考框架，過去曾被不少媒體介紹，也一舉成為知名的「日本新型創意發想法」。

　　我繼承了父親的遺志，擔任Clover幸運草管理研究所董事長，經營應用曼陀羅表格與曼陀羅手帳的顧問事業。

　　到目前為止，已有許多企業與個人應用曼陀羅表格，我也多次親眼見證許多企業與個人在使用曼陀羅表格之後，在人生或是事業締造不凡的成果。

　　曼陀羅表格是幫助大家達成目標的思考框架，而這個思考框架的厲害之處之所以能廣為人知，本書介紹的大谷翔平選手可說是居功厥偉。大谷翔平選手在高中時代製作的「目標達成表」的原型正是曼陀羅表格，他在2023年WBC世界棒球經典賽以及大聯盟的表現可說是有目共睹，也再次證明了九宮格思考框架的威力。

　　大谷選手之所以能如此活躍，當然是因為他那有如苦行僧般的努

力，但是「目標達成表」絕對也是他能達成目標，維持動力所不可或缺的工具。

想必各位讀者在讀到最後時，已經發現曼陀羅表格不只能幫助我們達成目標，也能幫助我們製作報告資料、演講稿、購買清單、菜單、旅行日記，總之這種九宮格思考已在任何場景應用。

建議大家先試著使用附錄的「魔法提問曼陀羅表格」，也可以試著利用曼陀羅表格，整理本書介紹的「人生八大領域」，應該就能熟悉曼陀羅表格的使用方法。

如果各位能透過本書學會曼陀羅表格的使用方法，進而改變工作、人生與日常生活，那將是我的榮幸。但願各位都能達成目標，讓人生變得更加豐盛。

松村　剛志

► 參考文獻

《工作與人生都順利！【圖解】九宮格思考框架曼陀羅表格》
松村剛志／青春出版社

《曼陀羅九宮格思考術：達成目標成功圓夢》繁體中文版
松村寧雄／智富出版

《曼陀羅手帳與曼陀羅思考術 讓人生與工作都豐盛的曼陀羅表格》
松村寧雄／Clover幸運草管理研究所

《【圖解】利用九宮格思考框架解決所有問題！曼陀羅表格》
松村寧雄／青春出版社

《提問工作術》
松田充弘／日經BP社

《透過提問改變人生 魔法提問曼陀羅表格 》
松田充弘／Clover幸運草管理研究所

《找到理想的自己與強項就能脫胎換骨！魔法提問筆記本》
松田充弘／寶島社

《提問能改變人生》
松田充弘／KIZUNA出版

《曼陀羅表格合講師講座參考書》

曼陀羅表格協會

《39s-up！讓工作遊戲化的人事評估系統》
松山將三郎／牧野出版

《實踐智慧「智慧之和」曼陀羅表格事例集》

曼陀羅表格學會

【附錄】練習填寫曼陀羅表格

F	你的公司若是消失，誰會覺得不方便，又是什麼樣的不方便？	**C**	你（公司）的文案什麼？

B 你對社會有什麼貢獻？	**主題**
	釐清願景

E	與員工共通之處是什麼？	**A**	十年後的你 會是什麼模樣？

G	為了維持願景，能夠做什麼？

No.	**1**
Category.	**事業**
Date.	**.　　　.**

重點建議

　　願景就是對於「未來想要變成什麼樣子」的想像，也是一種宣言。每個人都知道，沒有願景就無法實現願景。

　　所以要針對公司或是自己的人生思考終點，問自己想要變成什麼樣子。

　　勾勒願景是做任何事情的第一步。

　　不過，太過複雜的願景、曖昧的願景就等於沒有願景。

　　所以在勾勒願景時，一定要明確而清晰。

　　在勾勒願景的過程中，就算還是半成品，也可以試著告訴身邊的人。

　　每次告訴別人自己的願景，就能知道自己對於這個願景的反應，有可能會覺得這個願景愈來愈有可能實現，或是愈來愈不可能實現。

　　請先回答左側的八個問題，並在回顧的時候，將想到的願景寫在中央的主題處。

D	你（公司）的關鍵字是什麼？

H	你（公司）在100年之後是什麼模樣？

F	什麼阻礙你做出決定？	C	員工的職責是什麼？

B	你的職責是什麼？	**主題**	
		實踐任務	

E	什麼事情會阻礙你採取行動？	A	為了創造未來，你能做什麼？

G	前進時， 需要什麼東西？

D	你的公司為何存在？

H	為了實踐任務，今天能做什麼？

重點建議

常言道「思考很重要」，但很多人只想著「想要成為有錢人」，但只是坐著思考，什麼事情也不會改變。

所以一有想法就要立刻採取行動，這就是實踐任務的意思。

這裡的任務可以是「使命」也可以是「該做的事」。以公司為例，在追求利益之餘，實現願景的存在意義。

先將視點放在未來，思考今天能做的事情。

接著思考自己能做到的事情，別人能做到的事情，一步步接近夢想。

只有自己做得到的事情（任務）就有價值。

左側的八個問題應該會成為朝願景前進的動力。

為了未來的自己，請試著面對每個問題，寫出今天能做的事情以及自己該做的事情。

F	哪位成員能幫忙解決問題？	C	為什麼不能不解決這個問題？

B	為什麼這會是問題？	主題
		解決課題

E	該怎麼做才能解決問題？	A	是什麼事情變成問題？

G	要採取什麼行動？

No.	3
Category.	事業
Date.	． ．

D	希望達成什麼狀態？

H	該怎麼做才能避免再犯？

重點建議

製造課題與問題的是誰？答案就是自己。課題、問題和煩惱往往源於自己。比方說，看到下雨就覺得「下雨好煩」的人是你自己。因為農夫可能覺得雨水很珍貴，所以下雨一點問題也沒有。

境隨心轉，只要改變心念，問題也有可能變成機會，因為只要你覺得是機會，問題就會是機會。

重點在於「為什麼會將這件事視為問題」，試著找出答案，如此一來應該就會找到解決方法。

先透過「是什麼事情變成問題？」這個提問釐清問題。

接著再透過「為什麼這會是問題？」反省問題的原因。

答完左側的所有問題之後，那些原本模糊的問題就會變得具體而清晰，你的行動基準應該也會改變。如此一來，不就能快速解決問題，進入下個步驟了呢？

F	顧客不惜付錢也要解決的問題是什麼？	C	顧客的家庭成員？

B	顧客的興趣是什麼？		**主 題**
			顧客是誰？

E	顧客透過什麼管道得到資訊？	A	顧客是怎麼樣的人？

G	顧客在意的關鍵字是什麼？

No.	4
Category.	事業
Date.	． ．

D	顧客假日都在做什麼？

H	顧客買東西的時候，是根據什麼下決定？

重點建議

我們都知道，賣不出去就做不成生意，所以在做生意的時候，很在意顧客有多少。

大部分的人都希望盡可能將商品賣給更多的人，但是想要對一大群人宣傳時，就有可能會面對誰都沒接受到訊息的情況。

所以先想像自己是對某個人或是某間公司進行宣傳，這麼一來，反而比較容易讓更多人了解商品。

可透過第一個問題「顧客是怎麼樣的人？」想像最想賣給對方的顧客。

接著透過「顧客的興趣是什麼？」「顧客假日都在做什麼？」這類問題確定顧客的形象。

顧客身邊還有許多潛在客戶。

回答這八個問題之後，顧客的樣貌應該會變得清晰，也能知道顧客想解決的問題，以及顧客做決定的根據。你的顧客是怎麼樣的人呢？

F	該怎麼做才能加強強項？	C	一言以蔽之， 到底提供了什麼服務？

B	其他公司較為優秀的部分是 什麼？	**主題**
		找出獨特的賣點

E	用一句文案形容你（公司）， 那會是什麼呢？	A	比其他公司優秀的部分是 哪裡？

G	該增加哪些服務（商品），顧客才會開心？

D	為什麼顧客選擇你的公司？

H	顧客什麼時候最開心？

No.	5
Category.	事業
Date.	． ．

重點建議

你一定也有強項，強化強項就能「活出自我」。如果以事業比喻，商品的強項就是附加價值。增加附加價值，就能讓你成為被選擇的那個人。

第一個問題是「比其他公司優秀的部分是哪裡？」希望大家在回答這個問題的時候，了解「比上不足，比下有餘」這個道理。請大家記得，經驗比你還少的人比你想像來得多，改變觀點，就會知道自己已經完成很多事情。

下一個問題是「其他公司較為優秀的部分是什麼？」透過這個問題找到其他公司較為優秀的部分之後，可以不用逼自己模仿，因為一定會輸。透過這兩個問題找出你不需要跟風的部分，以及你擅長的部分。

回答這八個問題之後，一定能找到專屬於你的賣點。只有你或你的公司才能做到的事情是什麼呢？

F	希望顧客如何了解商品？	C	能夠解決這個煩惱的商品是什麼？

B	顧客的煩惱是什麼？	主題
		創造業績

E	有什麼對策解決這個問題？	A	要在何時創造多少業績？

G	為什麼如此訂這個價錢？

....

D	顧客不買的理由是什麼？

....

H	為什麼非得跟你買不可？

....

重點建議

　　業績是來自顧客的感謝，所以該想的不是「要怎麼賣出去」而是「能得到多少感謝」。

　　先站在顧客的立場，從頭到尾思考一遍。以這種態度設計商品或服務，就能得到顧客的感謝，業績應該也會有所成長。

　　第一個問題是「要在何時創造多少業績？」第一步是先訂出目標。「何時」最好是十年後、五年後、三年後、一年後或是半年後。

　　下一個問題是「顧客的煩惱是什麼？」透過這個問題找出顧客的煩惱之後，可試著問自己「能夠解決這個煩惱的商品是什麼？」如果得到的答案是「沒有」，代表你設定了錯誤的目標客群，此時就得回到「顧客是誰」的階段，重新再來一遍。

　　回答這八個問題，應該就能找到創造業績的線索。你要怎麼創造業績呢？

F	可以讚美員工什麼事情？	C	失去幹勁的原因是什麼？

B	什麼時候員工會失去幹勁？	**主題**	
		激發員工幹勁	

E	可以認同員工什麼事情？	A	什麼時候可以看到員工露出笑容？

G	可以從員工身上 學到什麼事情？

D	在什麼樣的上司手下工作時， 你會很有幹勁？

H	你有哪些地方改變？

No.	7
Category.	事業
Date.	.　　.

重點建議

你當然會希望員工「更有幹勁」，但是要改變對方非常困難，所以改變自己才是捷徑。告訴自己「都是因為自己對待對方的態度不好，對方才沒有幹勁」，情況就會有所好轉。

「要不要試試用別種語氣說話？」你的一點改變，也能讓對方改變看法。

第一步自問：「什麼時候可以看到員工露出笑容？」「什麼時候員工會失去鬥志？」「失去鬥志的原因是什麼？」這些問題，試著觀察員工。

接著改變觀點，自問：「在什麼樣的上司手下工作時，你會很有幹勁？」

將這裡的答案與你平常的行動連結，應該就能得到許多靈感。

答完這八個問題之後，應該就會找到員工的優點，你也能了解自己有哪些改變。要不要先試著努力看看呢？

F	會議的目標是什麼？	**C**	讓人想參加會議的 元素是什麼？
	⋯⋯⋯⋯⋯⋯⋯⋯⋯⋯⋯⋯		⋯⋯⋯⋯⋯⋯⋯⋯⋯⋯⋯⋯
B	在什麼空間最放鬆？		**主 題**
	⋯⋯⋯⋯⋯⋯⋯⋯⋯⋯⋯⋯		**打造最棒的會議** ⋯⋯⋯⋯⋯⋯⋯⋯⋯⋯⋯⋯
E	會議的規則是什麼？	**A**	如果為這場會議加上電影片 名，會是什麼？
	⋯⋯⋯⋯⋯⋯⋯⋯⋯⋯⋯⋯		⋯⋯⋯⋯⋯⋯⋯⋯⋯⋯⋯⋯

G	為了讓員工發言，該怎麼做？

…………………………………………………………

D	希望員工以什麼樣的 心情開會？

…………………………………………………………

H	由誰、何時、執行 做出結論的事？

…………………………………………………………

No.	8
Category.	事業
Date.	． ．

重點建議

　　在海上航行的時候，就算知道目的地，如果沒有航海圖或是指南針，就無法航向目的地，同理可證，開會也有一樣的狀況。

　　許多公司都像是沒帶著航海圖與指南針就開會，沒有準備需要的道具與建立良好的心態，是無法抵達目的地的。

　　許多人都「不喜歡開會」，但是若不改變心態，就無法開好會議，也無法打造理想的組織或是專案。

　　第一個問題「如果替會議加上電影片名，會是什麼呢？」會是什麼片名呢？

　　如果是很無聊的片名，應該不會有人想參加，如果是很有趣的片名，大家應該都會主動參加。

　　讓更多人願意主動參加才能有效率地開會。

　　回答八個問題之後，會議會變得更有產值，你的公司或專案也更容易締造成果。利用最棒的會議打造最棒的公司吧。

F	C	G	F	C	G
希望顧客如何了解商品？	能夠解決這個煩惱的商品是什麼？	為什麼如此訂這個價錢？	哪位成員能幫忙解決問題？	為什麼不能不解決這個問題？	要採取什麼行動？
B 顧客的煩惱是什麼？	**6 創造業績**	**D** 顧客不買的理由是什麼？	**B** 為什麼這會是問題？	**3 解決課題**	**D** 希望達成什麼狀態？
E 有什麼對策解決這個問題？	**A** 要在何時創造多少業績？	**H** 為什麼非得跟你買不可？	**E** 該怎麼做才能解決問題？	**A** 是什麼事情變成問題？	**H** 該怎麼做才能避免再犯？
F 什麼阻礙你做出決定？	**C** 員工的職責是什麼？	**G** 前進時，需要什麼東西？	**6 創造業績**	**3 解決課題**	**7 激發員工幹勁**
B 你的職責是什麼？	**2 實踐任務**	**D** 你的公司為何存在？	**2 實踐任務**	**主題 事業曼陀羅**	**4 顧客是誰？**
E 什麼事情會阻礙你採取行動？	**A** 為了創造未來，你能做什麼？	**H** 為了實踐任務，今天能做什麼？	**5 找出獨特的賣點**	**1 釐清願景**	**8 打造最棒的會議**
F 該怎麼做才能加強強項？	**C** 一言以蔽整，到底提供了什麼服務？	**G** 該增加哪些服務（商品），顧客才會開心？	**F** 你的公司若是消失，誰會覺得不方便，又是什麼樣的不方便？	**C** 你（公司）的文案什麼？	**G** 為了維持願景，能夠做什麼？
B 其他公司較為優秀的部分是什麼？	**5 找出獨特的賣點**	**D** 為什麼顧客選擇你的公司？	**B** 你對社會有什麼貢獻？	**1 釐清願景**	**D** 你（公司）的關鍵字是什麼？
E 你（的公司）的文案是什麼？	**A** 比其他公司優秀的部分是哪裡？	**H** 顧客什麼時候最開心？	**E** 與員工共通之處是什麼？	**A** 十年後的你會是什麼模樣？	**H** 你（公司）在100年之後是什麼模樣？

曼陀羅表格：

名稱	
製作日期	

F	C	G
可以讚美員工什麼事情？	失去幹勁的原因是什麼？	可以從員工身上學到什麼事情？

B	7 激發員工幹勁	D
什麼時候員工會失去幹勁？		在什麼樣的上司手下工作時，你會很有幹勁？

E	A	H
可以認同員工什麼事情？	什麼時候可以看到員工露出笑容？	你有哪些地方改變？

F	C	G
顧客不惜付錢也要解決的問題是什麼？	顧客的家庭成員？	顧客在意的關鍵字是什麼？

B	4 顧客是誰？	D
顧客的興趣是什麼？		顧客假日都在做什麼？

E	A	H
顧客透過什麼管道得到資訊？	顧客是怎麼樣的人？	顧客買東西的時候，是根據什麼下決定？

F	C	G
會議的目標是什麼？	讓人想參加會議的元素是什麼？	為了讓員工發言，該怎麼做？

B	8 打造最棒的會議	D
在什麼空間最放鬆？		希望員工以什麼樣的心情開會？

E	A	H
會議的規則是什麼？	如果為這場會議加上電影片名，會是什麼？	由誰、何時、執行做出結論的事？

利用曼陀羅回顧

F	C	G	F	C	G
B	**6** 創造 業績	D	B	**3** 解決 課題	D
E	A	H	E	A	H
F	C	G	**6** 創造 業績	**3** 解決 課題	**7** 激發員工 幹勁
B	**2** 實踐 任務	D	**2** 實踐 任務	**主題** 事業 曼陀羅	**4** 顧客是 誰？
E	A	H	**5** 找出獨特 的賣點	**1** 釐清 願景	**8** 打造最棒 的會議
F	C	G	F	C	G
B	**5** 找出獨特 的賣點	D	B	**1** 釐清 願景	D
E	A	H	E	A	H

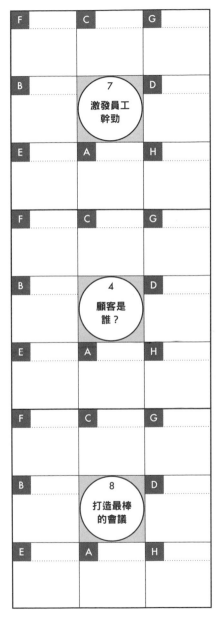

曼陀羅表格：

名稱	
製作日期	

197

F 什麼事情一定不做？		**C** 什麼事情讓你不惜花錢也想做？	

B 你喜歡自己哪個地方？	**主題**
	找到夢想

E 想捨棄什麼？	**A** 什麼事情會讓你感到幸福？

G	什麼時候一天做24小時也不會覺得辛苦？

No.	1
Category.	天職
Date.	．　　　　．

D	做什麼事情的時候，朋友會開心？

　　夢想有比較好。「我沒有什麼夢想啦」比起成為這種人，成為「我，有想達成的夢想」這種人比較好。雖然有夢想比較好，但是卻不容易找到夢想，所以這裡的問題就是要幫助你找到夢想。

　　第一步先問自己該做什麼。透過這個問題回顧過去的自己，就會知道「自己在未來想要做這樣的事情」。

　　請試著回想你在何時會感到幸福，此時就是「接近」夢想實現的時刻。請先試著回答這個問題，應該就能找到夢想。

　　回答這八個問題之後，應該就能找到原本沒看見的夢想。

　　找到夢想之後，你應該會對未來感到興奮，將這份興奮告訴別人，就會出現與你的夢想產生共鳴的人。請務必試著找到夢想。

H	你的生存之道是什麼？

F	你都透過什麼方法跟討厭的事情說再見？	C	最能讓你放鬆的地方在哪裡？

B	最能激勵你的話語是什麼？	**主題**	
		跟壓力說再見	

E	你在什麼環境下最安心？	A	你現在做得很好的事情是什麼？

G	你從那些討厭的事情學到什麼？

D	任何時候都會鼓勵你的人是誰？

重點建議

　　想像自己跟自己的壓力說「再見」，壓力從自己身邊消失吧。跟壓力說再見，就會變得更輕鬆，也就能隨心所欲地探尋豐富的人生。在變得幸福與豐盛之前，要先跟壓力說再見。

　　第一個問題「你現在做得很好的事情是什麼？」的答案可以是工作、家事或是私領域的事情。如果看到眼前的水果有一部分腐爛，我們很難不去注意。

　　同理可證，長期承受壓力的人往往會注意身邊「糟糕的部分」，很難看見「好的部分」。所以要先試著改變這點。

　　回答這八個問題之後，應該能與壓力保持距離，如此一來，就能目標更近一步了。

H	你覺得下個幸運會是什麼？

F 要擁有理想的未來， 能做什麼事情？	C 會創造什麼感動的事情？
B 今天有什麼事情值得期待？	**主 題** **早晨的魔法提問**
E 今天晚上會是什麼樣的表情？	**A** 今天想感謝誰？

G	攝取什麼營養的食物？

No.		**3**
Category.		**天職**
Date.	.	.

D	要送誰禮物？

重點建議

　　早晨是一天的開頭，所以早晨很美好，一整天就很美好。所以該怎麼使用早晨的每分鐘，將左右一整天的心情。

　　讓我們在這麼重要的時刻透過魔法提問，拉高一整天的品質吧。

　　第一個問題是「今天你想感謝誰？」

　　試著想像你身邊的某個人，然後想像你為什麼要感謝他，又該怎麼感謝他。其實你身邊一定有很多值得感謝的人。

　　不過，大部分的人都不會注意這件事。感謝能讓我們與身邊的人變得正面，更有產值，所以請在早上確認這件事。

　　回答八個問題之後，你的一天就能充滿活力地開始，如此一來，一整天就能增色不少。如果能每天都這樣，你的人生一定會更光明。

H	現在的笑容很棒嗎？

F 今天做了什麼事情，讓自己更接近理想的未來？	C 今天學到什麼事情？
B 今天送誰禮物？	**主 題** **夜晚的魔法提問**
E 能想像今天可以睡個好覺嗎？	A 今天發生了什麼感動的事情？

| G | 今天哪句話讓你開心？ |

No.	4
Category.	天職
Date.	. .

| D | 今天做了什麼投資？ |

| H | 希望明天是怎麼樣的一天？ |

重點建議

早晨的魔法提問提到「早晨美好，一整天就美好」，但其實「一整天的尾聲美好，一整天的事情都美好」。

如果仔細觀察就會發現你在那些看似平凡無奇的日子裡，也做了很多了不起的事情。

不過，大部分的人都不會注意到這點。

光是注意到這點，你的心態就會有所改變。

第一個問題是「今天發生了什麼感動的事情？」很多都會覺得今天一整天「沒發生什麼特別的事，只是平凡的另一天」。

不過當你如此問自己，應該會想到一些「開心的事」、「快樂的事」和「心動的事」。

如果不多注意，這些事情就會被淡忘。

回答這八個問題之後，就能「回顧（reflection，另譯為內省）」今天一整天發生的事情，也能從中得到許多心得。請大家務必養成這個習慣。

F 你希望對方變成什麼心情？		**C** 最近很照顧你的人是誰？	

B 小時候，最照顧你的人是誰？	**主 題**
	分享感謝

E 會用什麼方法表達感謝？		**A** 讓你很想感謝的事情是什麼？	

G	什麼信件會讓你開心？

....

D	煩惱的時候，會找誰商量？

....

H	能準備什麼充滿驚奇的禮物？

....

No.	5
Category.	天職
Date.	． ．

重點建議

你之所以能夠存在，來自許多人的幫忙。

沒有人可以「不在接受任何人的幫助之下，活到現在」。

每個人都會在家庭、學校、職場建立一些人際關係，受到這些人的幫助，所以要「感謝」那些幫助自己成長的人。

第一個問題是「讓你很想感謝的事情是什麼？」。不管是什麼時候的事情，也不管這事情是大是小，都沒有關係。請試著回想讓你想要感謝的事情。

回答這八個問題之後，就能時時感謝，以及注意到那些值得感謝的事情。

感謝別人，也得到別人的感謝。如果能一直維持這個狀態，身邊的人也會變得開朗，感謝也會帶來更多感謝。

如果有任何想要感謝的事情，不妨讓這些感謝化為實際的言語吧。

F 對方想要什麼？	C 有什麼紀念日想特別記住？

B 見到之後，能做什麼？	**主 題**
	讓邂逅變成善緣

E 對方擅長什麼？	A 想見的人在哪裡？

G	該準備什麼禮物？

....

D	紀念日有什麼值得紀念的？

....

H	該提供什麼資訊給對方？

....

No.	6
Category.	天職
Date.	．　　　．

重點建議

　　我們都是在許多人的支持之下活到現在。看似偶然相遇的兩個人，有可能是必然相遇的兩個人。如此一來，所有的相遇都有其意義。

　　如果能從偶然的邂逅找出意義，或許就能發展成所謂的「緣分」。這種魔法提問能幫助我們找到善緣。

　　第一個問題是「想見的人在哪裡？」就算想見這個人，想聽聽那個人說話，不前往那個人的地方就見不到對方。

　　不過，光是問自己這個問題，就會開始思考「該怎麼做才能見到對方」，也就能採取行動，締造善緣。

　　回答這八個問題之後，就會發現之前看似平凡的相遇，有可能發展成「緣分」。

　　這種體會能讓每次的相遇變得更有意義，進一步來說，能讓你的人生品質有所改變。

F	今天能做什麼？	**C**	有誰能夠幫你？

B	遇到什麼阻礙？	**主　題**
		達成目標

E	該訂立何種行程？	**A**	要達成的目的是什麼？

G	如何犒賞自己？

D	達成之後， 對社會有什麼貢獻？

H	要達成目的需要什麼？

No.		7
Category.		天職
Date.	．	．

重點建議

達成目的是一種常見的訓練模式。假設目標就是終點，就要找到終點與釐清終點。朝著終點前進，總有一天能夠抵達終點。

這個魔法提問能讓你知道你的目標（終點）是什麼，在哪裡，又該走哪條路才能找到目標。

第一個問題是「要達成的目的是什麼？」這是在問抵達終點之後，到底會看到什麼風景的意思。

比方說，對於「想要成為有錢人」的人來說，這個問題就是在問「有錢之後，想要做什麼」。

思考目標之後的事情非常重要。讓我們懂得區分真正想要達成的目標和一時的願望吧。

回答這八個問題之後，原本模糊不清的終點應該就會變得清晰可見，也能知道要抵達終點到底該做什麼事情。

F 聯想到你的關鍵字是什麼？	C 能與相關的人立下什麼約定？
B 你真正的想法是什麼？	**主 題** 建立品牌形象
E 對方重視的是什麼？	A 要透過你傳遞什麼訊息？

G	你會用什麼詞彙？ 不會用什麼詞彙？

D	你覺得誰（公司） 的形象很好？

H	你不做什麼事情？

No.	8
Category.	天職
Date.	． ．

重點建議

　　說到品牌，許多人都會聯想到包包或是衣服，但其實你自己也能成為一種品牌，首先先注意到這件事吧。

　　當你發現自己就是品牌，也能提升自身的品牌價值，你身邊的一切就會變得不一樣。

　　第一個問題是「要透過你傳遞什麼訊息？」

　　你想透過你這個人傳遞什麼訊息或願景給別人呢？

　　比方說，名牌不是因為加上名牌的標誌才是名牌，而是因為透過名牌傳遞的價值、歷史與訊息，才讓名牌成為名牌。

　　所以請問問自己成為某個品牌之後，想要傳遞什麼訊息。

　　回答這八個問題之後，你不再是漫無目的活著的人，而是時時想要將自身價值傳遞給別人的人。

F	C	G	F	C	G
對方想要什麼？	有什麼紀念日想特別記住？	該準備什麼禮物？	要擁有理想的未來，能做什麼事情？	會創造什麼感動的事情？	攝取什麼營養的食物？
B 見到之後，能做什麼？	**6 讓邂逅變成善緣**	**D** 紀念日有什麼值得紀念的？	**B** 今天有什麼事情值得期待？	**3 早晨的魔法提問**	**D** 要送誰禮物？
E 對方擅長什麼？	**A** 想見的人在哪裡？	**H** 該提供什麼資訊給對方？	**E** 今天晚上會是什麼樣的表情？	**A** 今天想感謝誰？	**H** 現在的笑容很棒嗎？
F 你都透過什麼方法跟討厭的事情說再見？	**C** 最能讓你放鬆的地方在哪裡？	**G** 你從那些討厭的事情學到什麼？	**6 讓邂逅變成善緣**	**3 早晨的魔法提問**	**7 達成目標**
B 最能激勵你的話語是什麼？	**2 跟壓力說再見**	**D** 任何時候都會鼓勵你的人是誰？	**2 跟壓力說再見**	**主題 天職曼陀羅**	**4 夜晚的魔法提問**
E 你在什麼環境下最安心？	**A** 你現在做得很好的事情是什麼？	**H** 你覺得下個幸運會是什麼？	**5 分享感謝**	**1 找到夢想**	**8 建立品牌形象**
F 你希望對方變成什麼心情？	**C** 最近很照顧你的人是誰？	**G** 什麼信件會讓你開心？	**F** 什麼事情一定不做？	**C** 什麼事情讓你不惜花錢也想做？	**G** 什麼時候一天做24小時也不會覺得辛苦？
B 小時候，最照顧你的人是誰？	**5 分享感謝**	**D** 煩惱的時候，會找誰商量？	**B** 你喜歡自己哪個地方？	**1 找到夢想**	**D** 做什麼事情的時候，朋友會開心？
E 會用什麼方法表達感謝？	**A** 讓你很想感謝的事情是什麼？	**H** 能準備什麼充滿驚奇的禮物？	**E** 想捨棄什麼？	**A** 什麼事情會讓你感到幸福？	**H** 你的生存之道是什麼？

F	C	G
今天能做什麼？	有誰能夠幫你？	如何犒賞自己？

B	**7** **達成目標**	D
遇到什麼阻礙？		達成之後，對社會有什麼貢獻？

E	A	H
該訂立何種行程？	要達成的目的是什麼？	要達成目的需要什麼？

F	C	G
今天做了什麼事情，讓自己更接近理想的未來？	今天學到什麼事情？	今天哪句話讓你開心？

B	**4** **夜晚的魔法提問**	D
今天送誰禮物？		今天做了什麼投資？

E	A	H
能想像今天可以睡個好覺嗎？	今天發生了什麼感動的事情？	希望明天是怎麼樣的一天？

F	C	G
聯想到你的關鍵字是什麼？	能與相關的人立下什麼約定？	你會用什麼詞彙？不會用什麼詞彙？

B	**8** **建立品牌形象**	D
你真正的想法是什麼？		你覺得誰（公司）的形象很好？

E	A	H
對方重視的是什麼？	要透過你傳遞什麼訊息？	你不做什麼事情？

曼陀羅表格：

名稱	
製作日期	

利用曼陀羅回顧

F	C	G	F	C	G			
B	**6** 讓邂逅變成善緣	D	B	**3** 早晨的魔法提問	D			
E	A	H	E	A	H			
F	C	G	**6** 讓邂逅變成善緣	**3** 早晨的魔法提問	**7** 達成目標			
B	**2** 跟壓力說再見	D	**2** 跟壓力說再見	**主題** 天職曼陀羅	**4** 夜晚的魔法提問			
E	A	H	**5** 分享感謝	**1** 找到夢想	**8** 建立品牌形象			
F	C	G	F	C	G			
B	**5** 分享感謝	D	B	**1** 找到夢想	D			
E	A	H	E	A	H			

216

F	C	G
B	**7** 達成 目標	D
E	A	H

F	C	G
B	**4** 夜晚的 魔法提問	D
E	A	H

F	C	G
B	**8** 建立品牌 形象	D
E	A	H

曼陀羅表格：

名稱	
製作日期	

F 什麼樣的家人最理想？		**C** 什麼時候會感到幸福？	

B 你注意到什麼事情，家人的笑容會增加？	**主題** **一切從家人開始**

E 對你而言，家人是什麼樣的存在？		**A** 你做了什麼事情家人會開心？	

G	你在家人的心目中，扮演什麼角色？

No.	1
Category.	自我溝通
Date.	．　　　．

D	你想表達什麼感謝？

H	你能為家人做什麼？

重點建議

　　令人意外的是，成功的人與順利的人通常家庭和睦，所以不先讓身邊的人幸福，就無法讓其他人或是社會大眾幸福。

　　如果想要成為對社會有所貢獻的人，要先讓家人幸福，這也是成功的第一步。

　　第一個問題是「你做了什麼事情家人會開心？」你做了什麼事情會讓家人開心呢？這是不多觀察就不會知道的事情。帶家人去旅行嗎？只待在家裡就會開心嗎？還是說，要做點什麼才能讓家人開心？不斷地這樣問自己，應該就能知道該做什麼事情，家人才會開心。所以請先試著問自己這些問題。

　　回答這八個問題之後，你應該會更在意家人的幸福，也能明白家人的幸福就是你的幸福。

F 在能送的禮物之中， 夥伴最喜歡什麼禮物？	C 希望夥伴改善的部分是什麼？
B 為什麼想讓對方成為夥伴？	**主題** **夥伴關係**
E 能送夥伴什麼世物？	A 夥伴的魅力是什麼？

G 今天有什麼事情可以跟夥伴說「謝謝」？	**No.** **2**
....	**Category.** **自我溝通**
	Date. . .

G 今天有什麼事情可以跟夥伴說「謝謝」？

....

D 跟夥伴在一起能做到什麼事情？

....

H 你如何傳遞對夥伴的關愛？

....

重點建議

　　夥伴關係就是兩人之間的羈絆。成功的人、順利的人，通常都是夫妻和睦的人，或是與情人關係融洽的人，這與前面一節的家人是一樣的道理。如果總是與身邊的人、支持自己的人處不好，就很難與別人建立好關係。

　　第一步先重視自己身邊的人，才能讓自己受到重視。

　　第一個問題是「夥伴的魅力是什麼？」在一起愈久，往往愈難發現對方的魅力。

　　一旦覺得夥伴就是會在身邊陪著，就會愈來愈不珍惜對方。所以先問自己這個問題，發現夥伴真正的價值。

　　回答這八個問題之後，你就能重新檢視與最親近的人之間的關係，與夥伴維持良好的關係，就能在工作做出成績。

F	該怎麼做 才能神清氣爽地醒來？	C	能從什麼食物感受到愛？

B	能讓你的「心靈」 充滿活力的食物是什麼？		**主題** **資本就是身體**

E	能做哪些努力， 在早上騰出一些自由時間？	A	能讓你的「身體」 充滿活力的食物是什麼？

G	做什麼才能消除身體的疲勞？

....

D	每天都想做什麼運動？

....

H	能讓身體充滿活力的 詞彙是什麼？

....

No.	3
Category.	自我溝通
Date.	． ．

重點建議

　　二十幾歲的人或許不會太在意健康，年過三十，就必須多注意身體。

　　因為身體不健康，人生就不太可能幸福與豐盛。

　　我們最重要的資本其實是健康的身體。這個魔法提問能讓我們更重視自己的身體與健康。

　　第一個問題是「能讓你的『身體』充滿活力的食物是什麼？」如果平常不在意自己吃什麼，就不會知道哪些食物有益健康。「啊，每次吃那個食物，就會湧現活力」，如果有這樣的食物，記得多吃這樣的食物。如此一來，也能檢視自己的飲食生活。

　　回答八個問題之後，你就能更注意飲食、運動、睡眠這些與健康有關的事物，也會知道健康是一切的基礎。

F 以不同的觀點提問，會提出什麼問題？		**C** 該怎麼做才能緩和對方的緊張？	
B 要注意什麼事情才能減少雙方的誤會？		**主 題**　**提問的力量**	
E 對方的答案之中藏著什麼答案？		**A** 能做什麼努力，讓自己更想傾聽對方說的話？	

G	一直用來自責的詞彙是什麼？

No.	**4**
Category.	**自我溝通**
Date.	**. .**

D	提問的目的是什麼？

H	如果將這個詞彙轉換成有意義的提問，會得到什麼結果？

重點建議

　　好問題會影響我們的人生，會改變我們的想法，甚至能夠改變我們的人生。

　　要讓對方說出真心話，激發對方的幹勁，除了說你想說的事情，還要提出好問題。

　　每天都努力提出好問題，就能發現之前沒發現的事情，或是引起對方的共鳴，還能帶來許多好的改變。

　　第一個問題是「能做什麼努力，讓自己更想傾聽對方說的話？」能讓對方說更多話，了解對方更多想法或是心情的話，就得多做一點努力，讓對方說得更開心。試著問自己，是以什麼態度傾聽對方說的話。

　　回答這八個問題之後，你就更懂得發問，問題的品質也會慢慢提升。

F	最近什麼時候感到心動？	C	有什麼想忘記、 很難過的事情？

B	有什麼事情讓你 打從心底笑出來？	**主題**
		感受力

E	為什麼會生氣？	A	最近什麼時候流過眼淚？

G	對你來說， 情緒到底是什麼？

D	什麼時候會生氣？

H	希望遇見的人有 怎麼樣的情緒？

No.	5
Category.	自我溝通
Date.	. .

重點建議

感受力就是感知一切的能力，也就是五官的意思。每個人都以為自己是根據理性採取行動。

不過，我們其實是根據「感受」採取行動。一如感動這個詞彙是「有所感而採取行動」，但沒有代表「思考了才行動」這類的詞彙。

所以磨練情緒與感受力，能改變行動的品質。

第一個問題是「最近什麼時候流過眼淚？」可以是喜極而泣，也可以是因為悲傷而流淚。回想自己在什麼時候哭過，就能知道自己會在什麼時候心動。

我們很少在意自己會在什麼時候心動，所以當我們懂得這點，就能掌握自己的內心與情緒。

回答這八個問題之後，就能進一步了解多數人的行動原理，也就是所謂的情緒，也能知道自己在情緒上的「盲點」，更能輕鬆解讀對方的情緒。

F	穿戴什麼東西最能突顯自我？	C	能發揮能力的地方是 怎麼樣的地方？
	....		....

B	想被什麼顏色包圍？	**主題**	
		準備環境	
	....	....	

E	能激發你鬥志的夥伴是誰？	A	你覺得舒服的場所是哪裡？
	....		....

G	能讓你放鬆的香氣是什麼？

....

D	會想去看什麼樣的景色？

....

H	什麼聲音聽起來最舒服？

....

No.	6
Category.	自我溝通
Date.	．　　　．

重點建議

　　如果環境不對就很難拿出鬥志、放鬆或是消除壓力，所以要改變身體狀況，就要打造適當的「環境」。

　　所謂環境不只是場所，也包含周遭的人、人際關係或是氣氛。

　　第一個問題是「你覺得舒服的地方是哪裡？」所謂的舒服就是「啊，這樣讓人心情很好！」「這樣好開心！」能夠呈現最真實的自我的意思。

　　不過，很多人都不知道能讓自己放鬆的地方在哪裡。

　　請先找出能讓自己放鬆的地方。

　　回答這八個問題之後，你應該就知道能讓自己真正放鬆，自然湧現幹勁的場所在哪裡，也知道該怎麼打造這樣的環境。

F	每個月捐（買禮物）多少錢？	C	金錢辦不到的事情是什麼？

B	金錢辦得到的事情是什麼？	**主題**	
		喜愛金錢	

E	這世上沒有錢的話， 什麼最重要？	A	對你來說，金錢是什麼？

G	為了被金錢喜愛，能做什麼努力？

No.	7
Category.	自我溝通
Date.	． ．

D	什麼時候付錢付得很開心？

重點建議

許多人都會想像有錢的話，能做這個，也能做那個。

但是金錢最多就只是「手段」，不是目的。一旦把賺錢當成目的，就會覺得沒錢很悲慘。

如果思考賺到錢之後可以得到什麼，就會知道什麼才是真正重要的東西，以及真正需要的東西。

其實這世上有許多錢買不到的東西，尤其是人的情緒或感動，不一定能用錢買得到。一旦以為金錢就是目的，人生就會隨金錢擺布。

第一個問題是「對你來說，金錢是什麼？」想賺錢的話，就不要只將焦點放在錢，而是要將焦點放在想利用對錢做什麼以及得到什麼，才不會為金錢所迷惘。

如此一來，就能正面看待金錢，比較容易得到善緣。

H	在你心中的什麼想法會生出金錢？

F	什麼東西能作為你的剎車？	C	你覺得什麼東西可以拋棄？

B	你真正需要的資訊是什麼？		**主題**
			脫去盔甲

E	你有什麼樣的名牌？	A	你擁有哪些不需要的資訊？

G	去無人島的話， 你想要帶什麼？

....

D	你想結交什麼樣的新朋友？

....

H	想脫掉哪種盔甲？

....

No.	8
Category.	**自我溝通**
Date.	**. .**

重點建議

　　所謂的盔甲並不是真的用鐵打造的防護衣，而是「內心的盔甲」。我最近一直在注意該學什麼，該吸收什麼資訊，但是我突然發現，比起「學會什麼東西」，捨棄什麼東西似乎更重要。

　　其實有很多資訊是不知道比較好，不那麼執著比較好，我也發現狠下心捨棄這類資訊，人生似乎就會進入下個階段。

　　第一個問題是「你擁有哪些不需要的資訊？」有些資訊當然很必要，但有些資訊卻不太需要。

　　有些資訊甚至會拖住你的腳步，阻礙你達成目標。請先試著問自己這個問題，篩選需要與不需要的資訊。

　　回答這八個問題之後，你應該能脫去多餘的束縛，腳步變得輕盈，也能以原本的自己，朝著目標直線前進。

F 穿戴什麼東西最能突顯自我？	C 能發揮能力的地方是怎麼樣的地方？	G 能讓你放鬆的香氣是什麼？	F 該怎麼做才能神清氣爽地醒來？	C 能從什麼食物感受到愛？	G G做什麼才能消除身體的疲勞？
B 想被什麼顏色包圍？	**6 準備環境**	D 會想去看什麼樣的景色？	B 能讓你的「心靈」充滿活力的食物是什麼？	**3 資本就是身體**	D 每天都想做什麼運動？
E 能激發你鬥志的夥伴是誰？	A 你覺得舒服的場所是哪裡？	H 什麼聲音聽起來最舒服？	E 能做哪些努力，在早上騰出一些自由時間？	A 能讓你的「身體」充滿活力的食物是什麼？	H 能讓身體充滿活力的詞彙是什麼？
F 在能送的禮物之中，夥伴最喜歡什麼禮物？	C 希望夥伴改善的部分是什麼？	G 今天有什麼事情可以跟夥伴說「謝謝」？	**6 準備環境**	**3 資本就是身體**	**7 喜愛金錢**
B 為什麼想讓對方成為夥伴？	**2 夥伴關係**	D 跟夥伴在一起能做到什麼事情？	**2 夥伴關係**	**主題 自我溝通曼陀羅**	**4 提問的力量**
E 能送夥伴什麼世物？	A 夥伴的魅力是什麼？	H 你如何傳遞對夥伴的關愛？	**5 感受力**	**1 一切從家人開始**	**8 脫去盔甲**
F 最近什麼時候感到心動？	C 有什麼想忘記、很難過的事情？	G 對你來說，情緒到底是什麼？	F 什麼樣的家人最理想？	C 什麼時候會感到幸福？	G 你在家人的心目中，扮演什麼角色？
B B有什麼事情讓你打從心底笑出來？	**5 感受力**	D 什麼時候會生氣？	B 你注意到什麼事情，家人的笑容會增加？	**1 一切從家人開始**	D 你想表達什麼感謝？
E 為什麼會生氣？	A 最近什麼時候流過眼淚？	H 希望遇見的人有怎麼樣的情緒？	E 對你而言，家人是什麼樣的存在？	A 你做了什麼事情家人會開心？	H 你能為家人做什麼？

F	C	G
每個月捐（買禮物）多少錢？	金錢辦不到的事情是什麼？	為了被金錢喜愛，能做什麼努力？

B	**7 喜愛 金錢**	D
金錢辦得到的事情是什麼？		什麼時候付錢付得很開心？

E	A	H
這世上沒有錢的話，什麼最重要？	對你來說，金錢是什麼？	在你心中的什麼想法會生出金錢？

F	C	G
以不同的觀點提問，會提出什麼問題？	該怎麼做才能緩和對方的緊張？	一直用來自責的詞彙是什麼？

B	**4 提問的 力量**	D
要注意什麼事情才能減少雙方的誤會？		提問的目的是什麼？

E	A	H
對方的答案之中藏著什麼答案？	能做什麼努力，讓自己更想傾聽對方說的話？	如果將這個詞彙轉換成有意義的提問，會得到什麼結果？

F	C	G
什麼東西能作為你的剎車？	你覺得什麼東西可以拋棄？	去無人島的話，你想要帶什麼？

B	**8 脫去 盔甲**	D
你真正需要的資訊是什麼？		你想結交什麼樣的新朋友？

E	A	H
你有什麼樣的名牌？	你擁有哪些不需要的資訊？	想脫掉哪種盔甲？

曼陀羅表格：

名稱	
製作日期	

製作「自由課題」

請在曼陀羅表格自由地填寫你現在的問題或課題

1 示範主題

① 日常生活
  （1）閱讀 （2）學習 （3）購物 （4）解決問題

② 事業
  （1）事業計畫 （2）組織圖 （3）會議紀錄 （4）專案
  （5）商品開發 （6）處理客訴

2 你利用曼陀羅表格製作的課題是？

A型曼陀羅表格

主題		製作者	
部門名稱／職稱		製作年月日	

F	C	G

B	主 題	D

E	A	H

B型曼陀羅表格

6	3	7	6	3	7
2	F	4	2	C	4
5	1	8	5	1	8
6	3	7	F	C	G
2	B	4	B	主題	D
5	1	8	E	A	H
6	3	7	6	3	7
2	E	4	2	A	4
5	1	8	5	1	8

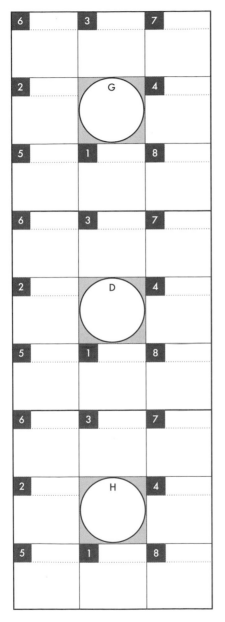

名稱	
製作日期	

動作檢視表